Erwin Rückle

Ist die Melancholie ausschliesslich eine Psychose des

Rückbildungsalters

Erwin Rückle

Ist die Melancholie ausschliesslich eine Psychose des Rückbildungsalters

ISBN/EAN: 9783743489707

Hergestellt in Europa, USA, Kanada, Australien, Japan

Cover: Foto ©ninafisch / pixelio.de

Manufactured and distributed by brebook publishing software
(www.brebook.com)

Erwin Rückle

Ist die Melancholie ausschliesslich eine Psychose des Rückbildungsalters

Ist die Melancholie ausschliesslich eine Psychose des Rückbildungsalters?

Inaugural-Dissertation

verfasst und

der hohen medizinischen Fakultät

der

Königl. bayr. Friedrich-Alexander-Universität Erlangen

zur

Erlangung der medizinischen Doktorwürde

vorgelegt von

Erwin Rückle

aus

Stuttgart.

Tag der mündlichen Prüfung: 4. März 1898.

Druck der Fr. Löchnerschen Buchdruckerei, Schwäb. Gmünd.

Gedruckt mit Genehmigung der medizinischen Fakultät

der Universität Erlangen.

Referent: Herr Professor Dr. v. STRÜMPELL.

Meinen teuren Eltern.

Die ungeheuren Fortschritte, welche die gesamte Medizin in den letzten Dezennien machte, konnten auch nicht ohne Wirkung auf die jüngste ihrer Disziplinen, die Psychiatrie, bleiben. Schwerer Kämpfe allerdings bedurfte es, bis dieselbe „von den letzten ihr anklebenden philosophischen und metaphysischen Schlacken gereinigt"[1]) war und sich den ihr gebührenden Platz unter den medizinischen Wissenschaften erobert hatte.

„Noch unendlich viel muss aber geschehen, um die Psychiatrie, die zur Zeit fast nur auf den Namen einer descriptiven Wissenschaft Anspruch machen kann, auf die Höhe einer erklärenden zu erheben."[2])

Einen Versuch, diesem Ziel einen Schritt näher zu kommen und die „Zustandsbilder" in der Psychiatrie durch klinische Krankheitsbilder zu ersetzen, hat Kräpelin in der fünften Auflage seines Lehrbuches der Psychiatrie unternommen.

Unter all den verschiedenen prinzipiellen Umänderungen, die er darin niedergelegt hat, soll uns hier nur seine neugewonnene Auffassung der Melancholie näher beschäftigen. Bevor wir aber weiter auf seine Anschauungen eingehen, wird es gut sein, einen kurzen Überblick über die bisherigen Kenntnisse der Melancholie zu gewinnen.

Was die Definition der Melancholie anlangt, so finden wir trotz aller Verschiedenheit bei den älteren und neueren Autoren „übereinstimmend als Grundanschauung, dass für die Melancholie charakteristisch ist der krankhafte psychische Schmerz, die durch die äusseren Verhältnisse gar nicht, oder nicht genügend motivierte schmerzliche Verstimmung.

Willis bezeichnet Melancholie als einen Zustand von Geisteskrankheit, der, ohne Fieber oder Wut, begleitet ist von Traurigkeit und Furcht; Pinel nennt sie einen Zustand von Traurigkeit, von Furcht, mit einem partiellen Delirium, das konzentriert ist auf einen einzigen Gegenstand oder auf eine Reihe von Gegenständen.

1) v. Krafft-Ebing, Lehrbuch der Psychol. 5. Aufl. 1893.
2) Ib.

Esquirol meint, dass das Wort „Melancholie" den Moralisten und Poeten überlassen bleiben sollte, und bezeichnet die Zustände partiellen Deliriums auf depressiver Grundlage als Lypémanie.

Griesinger hebt als das Grundleiden der melancholischen Zustände das krankhafte Herrschen eines peinlichen, depressiven, negativen Affekts hervor.

Schüle giebt als Grundzug der Melancholie schmerzliche Hyperästhesie mit intellektueller und motorischer Gebundenheit an.

Da nun aber der Seelenschmerz, die unmotivierte, traurige Stimmung auch als Symptom der verschiedensten organischen Hirnerkrankungen, ferner als Zeichen von Intoxikationen, schweren Neurosen des Gehirns u. s. w. auftreten kann, wie z. B. bei progressiver Paralyse, bei Alkoholintoxikation des Hirns u. s. w., so hat die Definition der Melancholie als beschränkend hervorzuheben, dass die Melancholie eine primäre und mit Rücksicht auf den bisher mangelnden pathologisch-anatomischen Befund eine als funktionell zu bezeichnende Hirnkrankheit ist.

Endlich ist aber auch noch zu erwähnen, dass eine gewisse Reihe von primären, funktionellen Psychosen ebenfalls Traurigkeit und Furcht zeigen können, welche letztere aber in Bezug auf ihre Entstehung eine wesentlich andere Genese zeigen, sekundär aus Wahnvorstellungen entstehen resp. dieselben begleiten (die sogenannte primäre Paranoia). Es hat demnach die Definition der Melancholie speziell den Ausgangspunkt der psychischen Störungen in dem krankhaften Schmerz hervorzuheben. Darnach würde die Definition der Melancholie lauten: Die Melancholie ist eine functionelle Krankheit des Hirns mit abnormen psychischen Erscheinungen, deren Ausgangspunkt und Grundlage eine krankhaft gesteigerte schmerzliche Erregung der Psyche ist."[1]

Was die Einteilung der verschiedenen Formen der Melancholie betrifft, so klassifiziert Griesinger[2] die psychischen Depressionszustände folgendermassen: 1) Hypochondrie, 2) Melancholie im engeren Sinn, 3) Melancholie mit Stumpfsinn, 4) Melancholie mit Äusserung von Zerstörungstrieben, 5) Melancholie mit anhaltender Willensaufregung.

Schüle[3] unterscheidet eine aktive Melancholie, passive Mel., hypochondrische Mel., Melancholia agitata, eine „melancholische Unterform mit überwiegenden Illusionen", wozu er einen grossen Teil der klimakterischen und senilen Melancholieen rechnet: eine chronische Melancholie, eine hypochondrische Melancholie, eine „invalide" Melancholie (hieher gehören senile, neurasthenisch-torpide, masturbatorische, syphilitische). Melancholia attonita.

1) Mendel, Melancholie. (Eulenburg Realenc.)
2) Griesinger, Pathol. und Ther. d. psych. Krankheiten 1845.
3) Schüle, klin. Psychiatrie, 3. Aufl. 1886.

v. Krafft-Ebing[1]) weist die Melancholie den Psychoneurosen zu. Er unterscheidet: 1) *Melancholia simplex* mit den Unterabteilungen: *a) Melancholia sine delirio*, *b)* Melancholie mit Präkordialangst, *c)* Melancholie mit Wahnideen und Sinnestäuschungen. *α) Melancholia religiosa*, *β) Melancholia hypochondrica:* 2) *Melancholia cum stupore*. Ausserdem noch die *Melancholia masturbatoria*, die er dem „Irresein auf neurasthenischer Grundlage" zuteilt.

Mendel[2]) unterscheidet neben der hypochondrischen aktiven und passiven Form als Varietäten: 1) eine abortive Form der Melancholie (*Mel. sine del. Etmüller*), 2) *Melancholia attonita*.

Kräpelin teilt in der ersten Ausgabe[3]) seines Werkes die Melancholie in die *Melancholia simplex*, Melancholie mit Wahnideen und in die *Melancholia activa* ein. Die beiden ersten Formen reiht er unter die Depressionszustände, die letztere unter die Aufregungszustände ein.

Etwas verschieden davon ist die Einteilung in der 3. Auflage[4]). Er unterscheidet drei Formen der Melancholie: die *Melancholia simplex*, *Melancholia activa*, *Melancholia attonita*, ausserdem führt er unter den Formen des Wahnsinnes den depressiven Wahnsinn auf, den er in seiner neuesten Auflage, worauf wir unten noch zurückkommen, der Melancholie zuteilt. Er schreibt darüber (pag. 325): „Der depressive Wahnsinn ist offenbar den melancholischen Zuständen nahe verwandt; er pflegt sich auch unter ähnlichen Verhältnissen zu entwickeln, wie jene letzteren, doch scheint die Prädisposition hier eine erheblich grössere ätiologische Rolle zu spielen. Auffallend häufig sind bereits in früheren Jahren psychische Erkrankungen vorhergegangen. Am wichtigsten aber für die Würdigung der Erkrankung ist wohl der Umstand, dass sie in klassischer Ausbildung fast ausschliesslich zwischen dem 40. und 60. Lebensjahre, namentlich im Anfange der 50er Jahre, und zwar überwiegend beim weiblichen Geschlechte vorkommt. Wir haben in ihr gewissermassen die typische Psychose des Klimakteriums vor uns. Es liegt daher nahe, die Krankheit als die Reaktionsform eines nicht mehr ganz „rüstigen" Gehirns und als den Übergang von der Melancholie zu den senilen Depressionszuständen aufzufassen."

Die 4. Auflage enthält keine wesentlichen diesbezüglichen Neuerungen.

Umsomehr ist die Einteilung in der 5. Auflage[5]) sowohl in Beziehung auf ihre Vorgängerinnen als auch grossenteils in Betreff der gegenwärtig herrschenden Anschauungen verschieden.

1) v. Krafft-Ebing, Lehrbuch der Psych. 5. Aufl. 1893.
2) Mendel, Melancholie.
3) Kräpelin, Compendium der Psych. 1883.
4) Kräpelin, Lehrbuch der Psych., 3. Aufl. 1889.
5) Kräpelin, Psychiatrie, 5. vollständig umgearbeitete Auflage, 1896.

Kräpelin teilt die Psychosen zunächst in zwei grosse Gruppen ein: A) Erworbene Geistesstörungen, B) Geistesstörungen aus krankhafter Veranlagung.

Die Melancholie als „Zustandsbild" fällt weg. Er versteht nunmehr unter Melancholie ausschliesslich eine Psychose des Rückbildungsalters, die er der ersten Gruppe zuteilt. Die jugendlichen Formen schreibt er hauptsächlich dem periodischen Irresein zu, welch letzteres er zu den unter B aufgeführten Geistesstörungen rechnet.

Neisser schreibt darüber in seinem Referat[1]) über das Kräpelin'sche Werk: „Ein besonderes Interesse beansprucht Kr's. Stellungnahme zu den bisher von ihm — im wesentlichen in Übereinstimmung mit den übrigen Autoren ausser Kahlbaum und einigen anderen — als Melancholie beziehungsweise Manie bezeichneten Psychosen. Was zunächst die sogenannten Melancholien anlangt, so sollen nach Kr. nur die im Rückbildungsalter auftretenden Depressionen — sofern sie nicht Verlaufsabschnitte anderer Formen des Irreseins, namentlich des circulären, darstellen — eine innere Zusammengehörigkeit darbieten. Für ihn bedeutet also nunmehr Melancholie schlechtweg eine Erkrankung des höheren Lebensalters und er erblickt darin eine Involutionserkrankung, der eine mehr weniger nahe Beziehung zur senilen Demenz zukommt. Die depressiven Verstimmungen der jugendlicheren Altersstufen sind nach Kr. nicht zur Melancholie zu werfen. Dieselben gehören vielmehr nach ihm entweder dem periodischen Irresein oder den Verblödungsprozessen an, einzelne dem Entartungsirresein und vielleicht auch der Hysterie. Jene nunmehr als klinische Einheit vorgeführte Melancholie des Rückbildungsalters umfasst sowohl solche Fälle, bei welchen eine einfache Traurigkeit bei völliger Besonnenheit beziehungsweise mässiger Ausbildung von Versündigungsideen herrscht, als auch solche Fälle, bei denen von Anfang an die Angst und Unruhe überwiegt. Eine scharfe Abgrenzung wird auch gegenüber denjenigen Fällen, bei denen die Angst blos anfallsweise oder mit schwerer deliriöser Bewusstseinstrübung hereinbricht, nicht gezogen. Wie schon erwähnt, sind auch die früher unter dem Namen des depressiven Wahnsinns geschilderten Formen hier einbezogen, insbesondere wird auch das *délire des négations* an dieser Stelle behandelt. In einzelnen Fällen kann es, namentlich bei vorgeschrittener geistiger Schwäche, auch zur Entwicklung von Grössenideen kommen. „„Das Bewusstsein erscheint bei dieser Form öfter stärker getrübt, die Orientierung unklar, der Gedankengang verworren, namentlich in den Zeiten stärkerer Erregung. Dennoch

— 9 —

ist man vielfach überrascht durch die Besonnenheit, mit welcher die Kranken auf Fragen Auskunft geben und ihre krankhaften Vorstellungen äussern"" (pag. 569). Die Prognose der „Melancholie" bespricht Kr. ohne Differenzierung der einzelnen aufgezählten Erscheinungsformen der Krankheit; sie müsse im Ganzen als eine zweifelhafte bezeichnet werden. Von seinen Kranken fanden 32 % volle Genesung, weitere 23 % konnten gebessert nach Hause zurückkehren, ungeheilt blieben 26 %, während 19 % innerhalb der ersten zwei Jahre der Krankheit zu Grunde gingen. Vorgeschrittenes Lebensalter verschlechtert die Vorhersage. Differentialdiagnostisch kommt das circuläre Irresein, das sich ebenfalls im Rückbildungsalter entwickeln kann, in Betracht. Die grösste Schwierigkeit soll die Abgrenzung von der progressiven Paralyse darbieten."

Da nun jede neue Hypothese in den exakten Wissenschaften nur auf Grund von objektiven Thatsachen auf ihre mehr weniger grosse Wahrscheinlichkeit geprüft werden kann, so soll in folgendem der Versuch gemacht werden, eine Anzahl einschlägiger Fälle nach den von Kr. aufgestellten Gesichtspunkten einer kritischen Betrachtung zu unterziehen.

Das Material wurde den Krankengeschichten der in den letzten 5 Jahren (1892—96) aus hiesiger Kreisirrenanstalt entlassenen, oder darin verstorbenen Patienten (330 Männer und 307 Frauen) entnommen.

Da nun einerseits der konservative Charakter der bayerischen Heimatgesetzgebung fast jeden Staatsangehörigen sein ganzes Leben über an seine schon mit der Geburt erworbene Heimat fesselt und andererseits die spärlich vorhandenen Privatanstalten nur eine verschwindend kleine Zahl von Kranken absorbieren und bei der chronischen Überfüllung aller Kreisanstalten die Patienten immer wieder ihren zuständigen Anstalten überwiesen werden, so ist es natürlich, dass die Kranken, soweit es das periodische Irresein anlangt, für die Beobachtung nicht verloren gehen. Dieser Umstand erscheint für die spätere Betrachtung besonders wichtig.

Was die Abfassung der Fälle anlangt, so wurden im Interesse der Übersichtlichkeit die einzelnen Krankengeschichten so kurz wie möglich gehalten. Leider oft doch noch zu lang, um obige Vorbedingung zu gewährleisten.

Was die Auswahl der Krankengeschichten betrifft, so darf wohl angenommen werden, dass sie fast sämtlich als der reinen Melancholie -- in dem bisherigen Sinne — angehörig betrachtet werden dürften. Die Formen des depressiven Wahnsinns wurden thunlichst ausgeschlossen, um nicht durch eine Menge von nötig werdenden Seitenfragen den freien Überblick zu beeinträchtigen.

A. Männer.

1) Sixtus H., 15 J.,[1]) l., A.: 25. V. 96. Vater soll in der letzten Zeit vor seinem Tode nicht normal gewesen sein. Pat. ist seit 8 Tagen erkrankt infolge Gemütserschütterung über den Tod seiner Mutter (dieselbe starb vor mehreren Wochen). Pat. zeigte eine auffallende Zerstreutheit bei der Arbeit, glaubte durch Beten die Wiederkehr seiner Mutter erwirken zu können, versank in den letzten Tagen mehr und mehr in stumpfes Brüten, stierte vor sich hin, äusserte spontan überhaupt nichts. Öfters hatte er ausgesprochene Angstanfälle, während welcher er alle seine Angehörigen um sich haben wollte, bat sie, sie möchten ihn nicht verlassen. — Pat. erscheint als ein für sein Alter entschieden in der Entwicklung zurückgebliebener Knabe; er ist sehr ängstlich, drängt anfangs beständig nach der Thüre, sitzt dann oder steht still auf seinem Platz, spricht kein Wort, giebt auf Befragen nur sehr langsame und zaghafte Antworten, verlangt wiederholt nach Hause, jammert, seine Mutter solle wieder zu ihm kommen. Er selbst giebt als Grund für seine Erkrankung die Trauer um seine Mutter an. Er wird, da er anfangs Juni etwas freier wird, auf eine andere Abteilung gebracht, weint und jammert jedoch dort, was er denn gethan habe, dass er von der alten Abteilung weggekommen sei, wird deshalb zurückversetzt. Glaubt auch nachher noch, es habe sich um eine Strafversetzung gehandelt, ist wieder recht gedrückt und ängstlich. Anfangs Juli wieder frischer und munterer; taut Mitte August zusehends auf, ist zutraulich und lenksam. Pat. wird am 30. VIII. 96 entl.

2) Fritz P., 22 J., l., A.: 26. VIII. 92. Bruder war in der Anstalt; Vater ist ein aufgeregter Mensch. Pat. war immer sehr zurückgezogen, hat früh und viel masturbiert, klagt seit vergangenen Winter über allerlei nervöse Beschwerden. Er wollte in diesem Sommer sein Examen machen, konnte sich jedoch nicht mehr recht konzentrieren, bekam dadurch immer mehr Angst vor der Prüfung, ging deshalb zu einem Wasserheilkünstler. Dort zeigte er sich von innerer Unruhe ergriffen, wollte immer fort, war schlaff und energielos. Schlaf war schlecht, Neigung zur Obstipation. Da und dort Vorstellungen, als ob er vom Teufel besessen sei. Er wollte dies vor 2 Jahren schon einmal beobachtet haben. In sein Gebet habe sich damals immer die Vorstellung „Teufel" eingezwängt. Heute (26. VIII.) früh glaubte er plötzlich, in der Hölle zu sein, roch Schwefeldampf. In der Verzweiflung säbelte er mit einem Taschenmesser am Hals herum. Er war während dieses Vorgangs und unmittelbar nachher ganz benommen, wurde erst auf der Fahrt hieher wieder klarer. — Pat. befindet sich in ängstlicher Unruhe, geht ruhelos auf und ab, zupft mit den Fingern an den Rockknöpfen, kratzt an der Haut, stösst jammernde Töne aus, drängt zur Thüre hinaus, sagt, er sei verloren, der Teufel wolle ihn holen. Er will den Teufel heute (26. VIII.) früh gesehen haben, spricht sich aber darüber sehr vag und fade aus. Glaubt, er könne wegen seiner Halswunde (ganz oberflächlich) nicht mehr schlucken, er habe sich den Kehlkopf ruiniert und das Rückenmark zerstört. Wird Mitte September erregter, ringt die Hände, er sei verloren, dem Teufel verfallen. Diesbezügliche Hallucinationen scheinen nicht vorhanden zu sein. Pat. bringt immer wieder hypochondrische Ideen vor, sein Magen ist kaput, die Hirnnerven zerstört, ergeht sich in immer unbestimmteren Klagen, weiss nicht, „was mit ihm ist". Der Affekt blasst Ende des Jahres mehr und mehr ab. Pat. produziert nur mehr ein vages Gewinsel, wird Mitte Januar 93 zugänglicher, ist anfangs Februar regsam, gesprächig, voll von Plänen, ziemlich anspruchsvoll und unbescheiden. Wird am 14. III. 93 nach Hause entlassen.

Nachtr. Pat. nahm, nachdem dieses hypomanische Nachstadium abgeklungen war, seine Studien wieder auf, machte im nächsten Jahre sein Examen mit gutem Erfolg, arbeitet seither in seiner Berufsthätigkeit und ist bis jetzt gesund geblieben.

1) Anm.: J. Jahre. l. ledig. v. verheiratet, verw. verwitwet, A. Aufnahme.

3) Johann B., 26 J., l., A.: 30. IV. 96. Vater potator; Mutter melancholisch gewesen; eine Schwester blöde. Pat. erkrankte vor 6 Wochen an Rheumatismus, wollte von da ab nichts mehr essen. Vor 8 Tagen geriet er in grosse Angst, er habe alles unglücklich gemacht, müsse vor Gericht, sei daran schuld, dass sein Bruder und Vater gestorben seien, es seien Leute vor der Thüre, die von ihm redeten, glaubte, der Teufel wolle ihn in die Hölle schleppen. Auf der Fahrt hieher hat er seinen Bruder und Vetter, sich möglichst ruhig zu verhalten, da draussen Gensdarmen stünden, die ihn verhaften wollten; bezog alles, was er hörte, auf sich. — Pat. zeigte einen ängstlichen Gesichtsausdruck, ist notdürftig orientiert, halluciniert, hört im Nebensaal seinen Bruder schreien, glaubt, derselbe werde zu einer Gerichtsverhandlung geholt, produziert Versündigungswahnideen, sagt, er sei ein grosser Sünder, er habe Unglück angestiftet „ohne Grenzen und Enden", es sei unmöglich, alles anzuführen, seit seinem 15. Jahre treibe er „die Gewohnheitssünde", durchschnittlich dreimal im Tage, er habe nicht mehr gebetet, er habe die Braut seines Bruders und eine Witfrau verführt, die dadurch „schrecklich unglücklich" wurden. Er glaubt, es stehe ihm Schreckliches bevor, liest aus den Mienen der anderen heraus, dass man ihn verachte, man spucke vor ihm aus. Er hat dabei fortwährend Gehörshallucinationen. Mitte Juni wird Pat. klarer, dissimuliert, erklärt sich für gesund, halluciniert immer noch. Mitte August scheint Pat. in der That freier zu werden, nimmt an der Unterhaltung teil, arbeitet, scheint nicht mehr zu hallucinieren. Wird am 3. X. 96 entl.

4) Joh. Michael S., 26 J., v., A.: 22. IX. 94. Ueber Heredität nichts angegeben. Pat. kam anfangs Februar 94 von München nach Baden, um dort als Monteur zu arbeiten. Am 10. V. sei seine Erkrankung ausgebrochen. Einige Zeit zuvor habe er sich immer traurige Gedanken gemacht, dass es ihm hier so schlecht gehe, dass er tüchtig arbeiten müsse und so wenig verdiene. Dann auch hätten seine Vorgesetzten Schlechtes von ihm gedacht, hätten ihn beleidigt, und ihr Antrieb und Tadel sei ihm sehr zu Herzen gegangen, dabei stellte sich noch ein Druckgefühl in der unteren Brustgegend ein. Alles dieses habe ihn schliesslich tiefsinnig gemacht und in ihm die Befürchtung erweckt, er müsse sterben. Er suchte wegen des ihn beängstigenden Krankheitsgefühles einige Ärzte und schliesslich das Krankenhaus auf. Er verliess etwa eine Stunde später dasselbe wieder, nachdem er bei verschiedenen Leuten sich Rat und Hilfe in seinen Angstgefühlen gesucht, wurde aber drei Tage später von seinen Mitarbeitern wieder gebracht. Pat. ist nachts unruhig, stöhnt und ruft die Hilfe Gottes und des Arztes an. Dazwischen ist Pat. ganz besonnen und hat das Bewusstsein seines krankhaften Zustandes, darauf immer wieder die stärkeren Angstaffekte, ist dann sehr erregt, macht Fluchtversuche, hält sich für verloren, verzweifelt an Gottes Barmherzigkeit, kniet, weint viel; wird nach I. verbracht. Auf dem Wege betet er immer, Gott möge ihn nicht verlassen, kommt weinend dort an, klagt, er habe etwas begangen, das ihm nie verziehen werden könne, er habe den Arzt beleidigt, müsse sterben, sterbe gern. Während im Spital in B. weder Nahrungsverweigerung noch Sinnestäuschung beobachtet wurden, macht er in I. Schwierigkeiten mit dem Essen, halluciniert stark. Es heisse, er müsse sterben, in der Folgezeit bald heiter, bald traurig, hält sich für Christus, hört Stimmen aus der Wand. Wird hieher verbracht. — Pat. zeigt sich vollkommen unzugänglich, hat finstern Gesichtsausdruck, sitzt regungslos da, die Glieder zeigen *flexibilitas cerea*, er schliesst zuweilen die Augen, reagiert nicht auf Fragen; verharrt in diesem Stupor bis November 95, wo er etwas zugänglicher wird. Im Dezember zusehends munterer und klarer, erkundigt sich nach seiner Frau, verlangt Lektüre und Arbeit. Zuweilen hypochondrische Beschwerden. Noch ziemlich wechselnd. Im Jahre 96 immer ruhig, bekommt ganz normalen Affektzustand, spricht mit völliger Krankheitseinsicht über sein durchgemachtes Leiden, wird geheilt entlassen am 29. VI. 96 und ist es bis jetzt geblieben.

5) Joh. Georg W., 34 J., v., A.: 24. XII. 91. Heredität nicht vorhanden. Pat. consultierte am 20. ds. seinen Hausarzt, weil er „im Kopfe nicht beieinander"

sei und von verschiedenen Personen angefeindet werde. — Pat. ist äusserlich ruhig, aber sichtlich von Angstgefühlen occupiert, ist gut orientiert, giebt korrekte Antworten, dazwischen schnauft und stottert er ängstlich, schamt furchtsam neben hinaus: Kopf kongestioniert. Pat. hängt sich einmal bei der Abendvisite an den Arzt, bittet ihn unter Thränen, er möge ihm helfen, der Tod umklammere ihn, er werde zur Hölle hinabgezogen, er lässt sich nicht beruhigen, starrt desorientiert zur Seite. In den folgenden Tagen wird er wieder klarer und weniger gedrückt, sagt, er habe geglaubt, er müsse sterben, stellt Sinnestäuschungen in Abrede. Ist abwechselnd bald mehr, bald weniger gedrückt, glaubt, es sei irgend etwas Schlimmes passiert, äusserte die Idee, dass er eine schwere Sünde auf dem Gewissen habe und dafür büssen müsse, er habe seine Dienstboten zu schlecht behandelt, liest fortwährend aus seiner Umgebung allerlei Anspielung auf sich heraus. Mitte Juni hat er den Drang, stark lachen zu müssen, obwohl seine Stimmung die entgegengesetzte ist, konnte sich keine Rechenschaft darüber geben. Pat. ist immer ängstlich und gedrückt, grübelt über angebliche Sünden seiner Vergangenheit nach, wird anfangs April besserer Stimmung, lächelt über seine Befürchtungen, ist aber noch immer schüchtern und verzagt. Anfangs Mai wieder mehr gedrückt und einsilbig; Mitte Mai wieder heiterer. Wird am 21. V. 92 abgeholt.

6) Kaspar L., 42 J., v., A.: 22. III. 92. Schwester war wegen Manie in der Anstalt. Pat. zog sich vor 1 Jahr eine Quetschung des Fussgelenkes zu. Durch schlechte Behandlung der Verletzung seitens eines Baders erlitt der Fuss eine namhafte Funktionsschädigung. Seit dieser Zeit wurde Pat. schwermütig, glaubte, mit seiner Familie nicht mehr durchzukommen. Ein beabsichtigter Schennenbau wurde für ihn die Quelle der Unruhe und Sorge. Er äusserte oft, man müsse den Hof verkaufen, sonst verderbe die ganze Familie. Er kam einmal weinend zu seiner Frau und bat sie, sie möge ihm verzeihen. Als vor einigen Tagen sein jüngstes Kind weinte, packte er es und sagte, man solle es aufhängen. — Pat. ist traurig verstimmt, will bald wieder nach Hause, da der Schennenbau ohne ihn nicht vorwärts gehe, dabei treten ihm die Thränen in die Augen. Pat. steht still an die Bank gelehnt, ist orientiert, äussert keine Wahnideen. Anfangs April weniger ängstlich; Mitte April behauptet er, seine Angst sei verschwunden, er wisse jetzt, wie thöricht es gewesen sei, sich so um den Bau zu sorgen, verlangt nach Arbeit. Pat., der bis zum Schluss seines Aufenthaltes klar und frei von Angst bleibt, wird am 12. V. 92 entl.

7) Johann T., 43 J., l., A.: 19. I. 93. Grossmutter väterlicherseits und Mutter schwermütig gewesen. Pat. war von jeher sehr religiös, liebte die Einsamkeit. Im Jahre 82 traten Selbstanklagen auf, Versündigungsideen, hatte den Drang, sich umzubringen. Der Zustand dauerte 1 Jahr. Im Herbst 91 dieselbe Verstimmung. hielt ³/₄ Jahr an. Am 10. XI. 92 erfuhr Pat. von einem Selbstmord in J., was ihn so erregte, dass er in Schwermut verfiel, er ängstigte sich, der Teufel möchte ihn holen, litt unter dem Trieb, sich umzubringen. Aus Angst, er könne dies ausführen, verlangte er selbst nach der Anstalt. Er arbeitete trotz seiner Verstimmung zu Hause. — Pat. verliess schon am Tage nach seiner Aufnahme wieder die Anstalt. Während des kurzen Aufenthaltes zeigte er eine krankhaft gedrückte Stimmung, erzählt, dass er sehr aufgeregt worden sei durch den Selbstmord in J., gab zu, er habe sich vor dem Teufel gefürchtet, doch seien diese Befürchtungen nicht mehr vorhanden. Wird am 20. I. 93 entl.

8) Simon B., 44 J., v., A.: 12. I. 93. Ein Verwandter väterlicherseits und eine Grosstante mütterlicherseits gestört. Vor ca. ¹/₂ Jahr verfiel Pat. öfters in stilles Brüten, weinte viel, namentlich nachts, hielt zeitweise Selbstgespräche, schlief nicht, lief im Haus herum, liess die Arbeit liegen, trug sich mit dem Gedanken, seinen Hof zu verkaufen, da er die Arbeit nicht mehr verrichten könne; er habe jetzt schon alles verkehrt gemacht, es gelinge ihm deshalb nicht so wie den andern Bauern; meinte auch, es wäre das beste für die Seinen, wenn er nicht mehr da wäre. Von einem Arzte wollte er nichts wissen, da ihm doch kein Mensch mehr helfen könne. Er sei schon von Gott verlassen und müsse mit Leib

und Seele verderben. Oft irrte er planlos umher, wurde dann im Zustand tiefster Depression aufgefunden, bat zuweilen für „seine Dummheiten" um Verzeihung, äusserte aber bald darnach oft wieder Selbstmordgedanken. — Pat. ist vollkommen klar, doch recht gedrückt, sucht sich dem Arzt gegenüber ein harmloses Aussehen zu geben, erklärt mit bitterem Lächeln, bei ihm sei ärztliche Hilfe nicht am Platze, ihm könne überhaupt nicht mehr geholfen werden. Ein Unstern stehe seit einiger Zeit über seinem Lebensgang, alles misslinge ihm. Pat. ist andauernd ruhig und ernst, nachdenklich, seufzt dazwischen, manchmal übermannt es ihn, so dass er mitten im Gespräch weinen muss, beharrt dabei, dass seine Verstimmung eine begründete sei. Wer so viel Missgeschick erfahren habe, könne nicht mehr froh werden. Er äussert immer wieder, er gehöre nicht in die Irrenanstalt, er sei kein Kranker, spricht oft recht verbittert über seine Angehörigen, weil sie ihn noch nicht abgeholt haben, will nicht mehr in sein altes Heim zurück, ein Fluch ruhe darauf. Wenn seine Frau nicht mit ihm wolle, dann verlasse er sie, wie sie ihn verlassen habe. Er liest viel in der Bibel, betet die ganze Nacht hindurch. Da und dort in gedrückten Stunden äussert er, der Satan sei seiner Herr geworden, nur der Himmel könne ihm helfen. Ende März etwas heiterer, bleibt aber fest bei dem Plan, sein Anwesen zu verkaufen und wo anders sich anzusiedeln. Wenn seine Frau nicht wolle, so müsse er sich von ihr trennen. Wird am 11. IV. 93 von seinen Angehörigen, die sich entschlossen, seinen Wünschen möglichst nachzukommen, abgeholt.

Wiederaufnahme am 24. VI. 95. Pat. hat seit seiner Entlassung die meiste Zeit gearbeitet, dazwischen vorübergehende Phasen von Verstimmung. Seit ca. 5 Wochen wieder stiller und gedrückter, klagt über Druck in der Brust, ist ruhelos, sagt selbst, er werde wohl wieder nach Erlangen müssen, glaubte, sein Hauswesen und seine Oekonomie gehe auseinander, alles sei missraten. Wenn das schönste Heu eingefahren wurde, bezeichnete er es als Dreck und Mist u. s. w. Schlaf unruhig, ging anscheinend mit Suicidgedanken um. — Pat. ist tief deprimiert, seufzt, spricht nur wenig, ihm gebe alles krumm, es ruhe kein Segen auf Familie und Besitz, ergiebt sich trüben Grübeleien, steht einsam herum, finster dreinschauend und wortkarg, immer unzugänglich; jammert, er bringe seine Familie ins Verderben, dass er in seinem Unverstand in die Anstalt gegangen sei, er sei der elendeste Mensch, der Mörder seiner Kinder, ist absolut einsichtslos. Wird am 4. XI. 95 gegen ärztlichen Rat ungeh. entlassen.

Nachschr. Pat. legte sich im Juni 96 auf die Schienen und liess sich vom Zug überfahren.

9) Johann U., 45 J., verw., A.: 11. I. 96. Mutter geisteskrank gestorben, Tochter eines Geschwisterkindes „tobsüchtig" gewesen. Vater des Pat. starb vor 1 Jahr. Der Tod soll ihn ziemlich alteriert haben. Seit 3 Wochen äusserte Pat. seinem Schwager gegenüber, er habe eine grosse innerliche Angst, es komme ihm immer der Gedanke: „nimm dir das Leben". Pat. suchte deshalb die Anstalt auf. — Pat. ist ruhig, klar, sagt, dass ihn böse Gedanken, verbunden mit Angst, seit einiger Zeit überkommen, „nimm dir das Leben", und doch hänge er am Leben und wolle nicht, dass diese Gedanken Herr über ihn werden. Er klagt noch über alle möglichen Beschwerden, Herzklopfen, Mattigkeit, Magendrücken. Er behauptet, in der Anstalt von peinlichen Gedanken frei zu sein, es gehe ihm ausgezeichnet, hat aber anfangs noch Stunden, wo er vor sich hingrübelt, scheint aber später ganz frei von den quälenden Gedanken zu sein. Wird am 30. III. 96 entlassen.

10) Josef G., 47 J., l., A.: 29. III. 93. 1. Aufenthalt 29. IX. 83 bis 22. X. 84 (Melancholie). Wurde geb. entl. Sämtliche Geschwister sollen sehr bigott sein. Pat. sei die Zeit nach seiner Entlassung fleissig und solide gewesen. Erst seit 8 Tagen habe er wieder „Anfälle" bekommen. Das Bewusstsein sei dabei erhalten gewesen. Er schrie in einem solchen „Anfall": „jetzt bin ich lebendig begraben, die Wärter von Erlangen kommen und schneiden mich zusammen", äusserte nach dem Anfall: „jetzt hat es mich einmal wieder tüchtig abgeschüttelt".

In der Zwischenzeit fiel er durch seine Zerstreutheit auf. Pat. ist in ziemlich stumpfsinniger Verfassung, macht ein verdrossenes Gesicht, giebt auf Fragen richtige, aber möglichst wortkarge Antworten, sagt, er habe in der letzten Zeit starke Angstanfälle gehabt, in denen es ihn getrieben habe, blindlings fortzulaufen, dabei habe er Druck in der Brust gespürt, die Gedanken seien ihm wirr durcheinander gegangen. Ende des Monats 2 ca. 1 Stunde dauernde Angstanfälle, sieht dabei verstört aus, drängt zur Thüre hinaus, sonst sitzt Pat. immer recht stumpfsinnig da, spricht spontan kein Wort. Anfangs Mai etwas ängstlicher und verwirrter. Kopf häufig kongestioniert. Anfangs Juli etwas rühriger und besser gestimmt, aber immer noch eine recht stumpfsinnige Figur. Angstanfälle wurden nicht mehr beobachtet. Wird am 17. VII. 93 abgeholt.

11) Johann D., 47 J., v., A.: 18. V. 93. 1. Aufenthalt 14. I. 89 bis 6. VIII. 89 (Melancholie). Wurde „geh." entl. Angeblich keine Heredität. Pat. ist uneheliches Sohn. Er war nach seiner Entlassung vollkommen normal. Am 9. II. 93 soll er einen Schlaganfall erlitten haben mit kurzer Bewusstlosigkeit. Lähmung der rechten Extremitäten und rechten Gesichtshälfte. Die Lähmungen gingen auffallend rasch zurück, verschwanden schon am 1. Tage wieder, gleichwohl äusserte Pat. ein schweres Krankheitsgefühl, er sei so matt, so ganz anders wie sonst, fürchtete, nicht mehr geheilt werden zu können, in die Irrenanstalt verbracht werden zu müssen, arbeitete aber immer noch. — Pat. ist hochgradig ängstlich, macht eine Jammermiene, vergiesst Thränen, rührt sich nicht vom Platze, zittert am ganzen Körper und schaut erwartungsvoll um sich, als ob er fürchte, dass in jedem Augenblick alles über ihm zusammenstürzen würde, klagt nur, dass er sich für schwerkrank halte, kaum mehr hoffe, wieder gesund zu werden. Erst auf Befragen gesteht er, dass er Vorwürfe höre, die sein Vorleben beträfen, und dass man ihm das schrecklichste Ende prophezeihe, er werde gespiesst und langsam verbrannt; erzählt einmal unter Weinen, man habe ihm nachts den Vorwurf gemacht, er habe mit seiner Schwägerin Blutschande getrieben, ist am 25. V. bei der Abendvisite ganz konsterniert, man wolle Bratwürste aus ihm machen (es gab an diesem Abend Bratwürste), er merke es aus seiner Umgebung. Er produziert fast täglich eine neue martervolle Todesart, er höre dies teils von Wärtern, teils von Stimmen und sehe es auch an den Vorbereitungen, hat dabei alle möglichen hypochondrischen Klagen, ist immer voll Angst und Jammer. Anfangs Juli blasst der Affekt im Verlauf weniger Tage rasch ab, Pat. hat Krankheitseinsicht, ist immer noch ängstlich, wird allmählich vollständig gut. Wurde am 27. Juli entl.

Nachtrag: Pat. starb wenige Wochen nachher in der Sommerfrische, mitten im besten Wohlsein, an einem Hirnschlag.

12) Simon L., 48 J., v., A.: 3. XII. 93. Onkel und Tante mütterlicherseits gestört, Schwester geisteskrank, Bruder † durch Suicid. Pat. ist von jeher still und zurückgezogen gewesen. Seit 1 Jahr gedrückter, zog sich mehr von der Gesellschaft zurück. Es wurde immer schlimmer mit ihm, er war von Juni bis Oktober in einer Privatanstalt. Er jammerte hauptsächlich, sein Geld reiche nicht mehr, die Staatspapiere seien wertlos, hatte Kriegsbefürchtungen. Nach der gegen ärztlichen Rat erfolgten Entlassung kamen bald die alten Befürchtungen wieder. Er lief ruhelos umher, machte einen Suicidversuch. Er möchte fort sein, ehe es Krieg gäbe, auch seine Frau solle das Elend nicht erleben. — Pat., ein sehr gealterter Mann, ist von einer ängstlichen Unruhe, will sich den Anschein des Ruhigen und Sorglosen geben, erklärt sich für ganz gesund, trippelt unruhig hin und her, zupft sich am Bart, jammert, dass er hieher gegangen, während zu Hause alles zu Grunde gehe, es stehen die schrecklichsten Zeiten bevor, er gehöre zu Frau und Kind, schimpft oft über das Essen, macht sich aber doch wieder Vorwürfe darüber, dass er zu viel esse, ein Stück Schwarzbrot sei für ihn genug. Das psychische Verhalten ist immer dasselbe. Anfangs April 94 wird er bettlägerig (Pat. leidet an Tuberkulose), verfällt sehr rasch und stirbt am 26. V. 94. Hirnbefund: chronische Pachymeningitis, chr. Leptomeningitis, chr. Hydrocephalus ext. und int., Hirnatrophie.

13) Georg L., 51 J., v., A.: 21. V. 96. Heredität nicht vorhanden. Vor 14 Tagen Beginn der Krankheit, veranlasst durch geschäftliche Verhältnisse. Pat. kam von einer Versammlung der Schreiner heim und erklärte seiner Frau, er sei von Grossfabrikanten angeschmiert, seine Kollegen reden allerlei Schlechtes über ihn, einer habe ihn sogar „Strikebrecher" nachgerufen; er besuchte mit Widerwillen eine andere Versammlung, kehrte aber vor der Thüre um, weil quer vor dieser ein Tisch stand und ein Hut hing, was er als Zeichen von Verachtung seiner Person auffasste. Pat. brütete über die widerfahrenen Beleidigungen nach, hörte dabei nach der Strasse hinaus, wo sich Leute über ihn lustig machten und auf ihn schimpften. Bald lief er voller Unruhe auf die Strasse, kehrte aber bald wieder heim, da ihn alle anschauten und ein Schutzmann ihn festnehmen wollte. — Pat. ist ziemlich gehemmt, mit seinen Gedanken anderswo, halluciniert offenbar, entwickelt allerlei Wahnideen, erzählt vom Strike, man habe ihn in F. verschiedene „Bilder" vorgehalten, er glaubte, dass alles die Aufmerksamkeit auf ihn richte, ihn verhöhne, verlache, vor ihm ausspucke. Er hört die Stimmen seiner Frau, seiner Tochter, es werden ihm, wie er sagt, Bilder vorgehalten, aus denen er sieht, dass er mit dem Hund gehetzt werden soll, hört, dass man ihm seine Kundschaft nehmen wolle. Nach dem Besuch seiner Angehörigen jammert er sehr, sorgt sich ab, weil seine grosse Tochter ihn nicht auch besucht habe, da müsse doch in der Familie etwas vorgefallen sein; hat zum Teil auch hypochondrische Beschwerden. In der letzten Zeit seines Aufenthaltes immer ruhig und lenksam, doch immer noch eigentümlich und krankhaft misstrauisch. Wurde am 14. XI. 96 entlassen.

14) Aug. Theodor F., 52 J., v., A.: 10. X. 93. 1. Aufenthalt vom 8. V. bis 13. X. 82 (Melancholie). Pat. ist mit der Zange geboren, die Spuren sind noch sichtbar, vom 20. Jahr bis zu seiner 1. Erkrankung soll er onaniert haben. Damals öfters eheliche Dissidien und Aufregung im Beruf. Am 13. VIII. 81 apoplektiformer Anfall, der sich Mitte Dezember desselben Jahres wiederholte. Damals Kopfschmerzen. Doppelsehen, Beklemmung vorhanden, dabei noch hypochondrische Ideen. Mitte Februar 1882 Besserung des Zustandes, bald darauf wieder Verschlimmerung, er hatte Todesgedanken, Unlust zur Arbeit, dann Aufnahme in die Anstalt. Nach der Entlassung soll bis vor einiger Zeit nichts Abnormes bemerkt worden sein. Anlass der jetzigen Erkrankung soll der Umstand gewesen sein, dass ein Teil der Lehrerswohnung sehr baufällig geworden, dem Einsturz drohte, und die zufällige Entdeckung grossen Schrecken verursacht habe. Beginn der Erkrankung im Juni mit Angst und Schwermütigkeit, Zerstreutheit, gestörtem Schlaf. Vor ungefähr 3 Wochen plötzlich Auftreten von Wahnideen und Hallucinationen. Präcordialangst. Sprache wurde leise und weinerlich, er sagte, er habe infolge früherer Fehler (Onanie) den ganzen Körper und Geist zerrüttet und sei unheilbar. Die Leute in der Umgegend fürchteten sich vor ihm, er würde ihnen etwas zu leide thun, deshalb werde er gefangen und in gemeiner Weise eingeliefert. Er sei der grösste Sünder. In den letzten Tagen verkannte er seine Frau, sie sei eine Schwindlerin, sei ein verkleideter Herr, gäbe seinen Feinden Zeichen. Nachts meist unruhig. — Pat. ist in gedrückter Stimmung, ängstlich, muss sich sichtlich anstrengen, um einfache Fragen zu beantworten, erklärt als Ursache seiner Verstimmung sein schlechtes Gewissen, das ihm keine Ruhe lasse, spricht sich aber nicht näher aus. Er gerät Mitte Oktober in eine stärkere, ängstliche Erregung auf Grund von Hallucinationen, wobei das melancholische Schuldbewusstsein mehr in den Hintergrund tritt. Er hält die Speisen für verändert. Rotwein für Blut, die Würste seien aus Menschenfleisch, überall sei Leichengeruch. Im übrigen ist er immer gedrückt und weinerlich, er habe grosse Sünden auf dem Gewissen. Er wird über seine Umgebung nicht ganz klar, er sei doch schon in Erlangen gewesen, aber jetzt sei alles ganz anders, es sei ein „recht unheimlicher Ort". Mitte November wird die Stimmung etwas besser, während er früher die Nahrung verweigert hat, isst er wieder von selbst, lässt von Sinnestäuschungen nichts mehr verlauten, ist aber immer weinerlich und

wehleidig, gedrückt und voll Sorgen, fürchtet, seine Frau sei tot oder schwerkrank. Seinen körperlichen Zustand beurteilt er aufs schlimmste, man wolle ihm nur nicht sagen, wie schwer krank er sei. Wird anfangs 94 wieder schlimmer, bittet bei jeder Visite um Verlängerung der Gnadenfrist, glaubt immer, alles Schreckliche stehe ihm bevor, bringt immer dieselben Befürchtungen vor. Ist in letzter Zeit wieder etwas besser. Wird am 14. IX. 94 entlassen.

15) Matthias B., 56 J., verw., A.: 13. VIII. 91. Pat. leidet seit dem 25. Jahr an periodischer Melancholie. War 3mal in der Anstalt (1869, 1881, 1883). Er war von 1872 bis 1880 als Wärter in der Anstalt, machte als solcher eine Reihe melancholischer Anfälle durch. Früher sollen dieselben nur ca. 14 Tage gedauert haben, später 5 bis 6 Monate. Der jetzige Anfall hat zu Ostern begonnen. Er hatte über gotteslästerliche Gedanken zu klagen, konnte nicht mehr arbeiten. Schlaf und Appetit schlecht. — Pat. steht ruhig und still herum, spricht nur auf Befragen, er sei ein grosser Sünder, könne nicht mehr recht beten, es fehle ihm der Glaube und die Andacht, drängt sehr nach Hause, fürchtet um sein Gut zu kommen, wenn er länger hier bleibe, er könne die Kosten nicht erschwingen. Wird Mitte September wieder lebhaft und munter, anfangs Oktober hat er einige Angstanfälle, war aber bald darauf wieder besser. Wird am 5. X. 91 entl.

Wiederaufnahme am 22. X. 91. Pat. ist kaum wieder zu erkennen. Das Gesicht trägt den Stempel tiefsten Kummers an sich. Die Gestalt ist zusammengesunken, jede Bewegung mühsam, auf der Kopfhaut eine Menge Borken, im Gesicht, an den Ohren und Händen Kratzeffekte. Pat. ist ganz zerknirscht, kann auf Fragen nur mühsam antworten. Er habe keine Furcht mehr vor der Hölle, deswegen habe er sich strafen wollen und sich die Haare mit Phosphorzündhölzern angebrannt, er sei verloren und verdammt. Er habe grosse Angst, könne nicht mehr beten, ihm sei nicht mehr zu helfen, wenn er nicht so feig wäre, hätte er sich längst umgebracht. Er sei der grösste Sünder. Er ist andauernd sehr gedrückt, sieht schwarz in die Zukunft, ihm sei der Tod erwünscht, weint oft bitterlich, er sei körperlich und geistig gebrochen, sein Vermögen gehe zu Grunde. Wird Mitte Dezember besser. Im Jahre 92 wechselnd meist gedrückt, klagt, dass ihn das Unglück bis zum Tode verfolge, bleibt unverändert derselbe Schwarzseher. Er macht auch verschiedene Projekte, wie er bei seiner Entlassung der Gemeinde wohl am wenigsten lästig fallen könnte. Pat., der während seines Aufenthalts stets an Bronchitis und Emphysem zu leiden hatte, starb am 25. 1. 94 an Herzlähmung. Hirnbefund: Diffuse chronische Leptomeningitis, Oedem der weichen Häute, Stauungshyperämie des Gehirns.

16) Friedrich Sch., 56 J., v., A.: 9. V. 95. Keine Heredität. Pat. war früher ein heiterer, lebensfroher Mann, etwas geizig. Vor 7 bis 8 Jahren machte Pat. schon einmal einen 1½ Jahr dauernden Anfall von Schwermut durch. Vor 2 Jahren war er wieder längere Zeit schwermütig, weinte viel, war lebensüberdrüssig. Im August 94 lief er von Hause fort, machte einen Suicidversuch. In der letzten Zeit wieder schwermütiger, äusserte er Verarmungsideen, es lange nicht mehr, er habe viel verdummt, hatte Suicidgedanken. Pat. lebte immer mit seiner Familie in Zwist, seine Frau und sein Sohn machten ihm anscheinend viel zu schaffen. — Pat. ist vollkommen ruhig und orientiert, will sich einige Zeit in der Anstalt aufhalten, da er glaubt, wenn er aus seinen Verhältnissen herausgerissen würde, würde sich seine krankhafte Verstimmung eher legen. Aeussert einigemal, der Aufenthalt wirke sehr beruhigend auf ihn, die frühere lästige Stimmung sei geschwunden, ist sichtlich bestrebt, sich heiterer zu geben, als er es thatsächlich ist: man merkt ihm beim Sprechen eine mühsam unterdrückte ängstliche Befangenheit an; er schreibt in einem Brief nach Hause: „ich halte es nicht für ohne, wenn ich noch eine Zeit lang hier verweile, ich weiss, wie tief ich gesunken bin und Ihr auch", verlangt nach Arbeit, ist andauernd zufrieden und in guter Verfassung; wartet auf Entlassung, doch drängt er nicht. Wird am 11. XI. 95 entlassen.

17) Christian N., 59 J., v., A.: 5. V. 92. Anamnese besagt nur, dass Pat. plötzlich erkrankt sei (wann?); nach geringeren Angstzuständen sei plötzlich grosse Furcht und Verfolgungswahn aufgetreten. Machte einen Suicidversuch. — Pat. sieht älter aus, als er ist (fast zahnlos, gerunzeltes Gesicht) ist in ängstlicher Unruhe, schaut furchtsam um sich, faltet die Hände, drängt fort, spricht murmelnd, ist kaum zu verstehen; äussert, er könne nicht hier bleiben, er müsse fort, alles gehe zu Grunde. Wird Mitte Mai ruhiger, steht still herum, sagt, er könne nichts bezahlen. Im Juni freier von Angst, giebt korrekte Auskunft über seine Verhältnisse, Gedächtnis defekt. Wird Ende des Monats wieder ängstlicher und verstört, geht ruhelos auf und ab, weiss nicht, was er will; fragt dazwischen, ob er denn wirklich fort müsse, fürchtet, es passiere etwas. Klagt zuweilen über Verstopfung und Leibschmerzen. Zeigt fortgesetzt dasselbe Bild. Erkrankt Ende März 93 an Pneumonie, stirbt am 4. IV. 93. Hirnbefund: chronische Pachymeningitis, chron. Leptomeningitis, geringgradiger Hydrocephalus int. und ext., Sklerose der Basilararterien.

18) Joh. Heinrich K., 60 J., v., A.: 22. V. 95. Tante väterlicherseits gestört. Vater potator. Pat. leidet seit dem 30. Jahr an Kopfschmerzen. Seit Herbst 94 Verarmungsideen, es lange nicht mehr, klagt, dass er trotz seiner Arbeit es zu nichts gebracht habe, ferner, man gebe ihm Gift im Essen, alles verrate ihn, er sei in lauter Schlingen gefangen. Es bleibe ihm nichts anderes übrig, als ins Wasser zu gehen und sich zu ertränken. Schlaf schlecht. Pat. ass in letzter Zeit wenig. — Pat. ist in ängstlicher, ziemlich benommener Verfassung, jammert, dass überall an seinem Körper Flecken seien, man solle ihn ja nicht berühren, da er alles durch seinen Ausschlag anstecke; weist die Nahrung energisch zurück, es sei Gift darin. Klagt über hypochondrische Beschwerden, es „bremst" die ganze Nacht hindurch in seinem Körper; halluciniert, hört, „heute schlagen wir ihn tot, wenn wir ihn kriegen", dann „die Jungen schlagen wir tot, der Alte darf fortleben", es komme ihm vor, als ob er bald hier, bald dort in Familien herumwandere, äussert dann wieder Verarmungsideen. Mitte Juni ist Pat. viel zugänglicher geworden, halluciniert nicht mehr, ist heiterer, wird andauernd ruhiger, klarer, ist guter Stimmung. Wird am 10. VII. 95 entl.

19) Michael M., 61 J., verw., A.: 22. II. 96. Bruder geisteskrank, gest. Schwester Kretin. Pat. soll von jeher eigentümlich gewesen sein. Mitte August v. J. starb seine Frau. Während ihrer Erkrankung die ersten Spuren geistiger Störung. Pat lief unruhig den ganzen Tag umher, war erregbar, sagte, „er bringe seinen Kopf nicht mehr zusammen", könne nicht allein bleiben, da er sich fürchte, der Böse komme und hole ihn, wurde lebensüberdrüssig, machte Suicidversuche; er habe Böses gethan, könne es nicht mehr gut machen; verweigerte auf Grund von Vergiftungsideen die Nahrung, wurde erregter, schlug zu, schimpfte, biss, wurde deswegen Mitte Dezember ins Krankenhaus geschafft, war dort in einer ängstlichen Erregung, äusserte Versündigungsideen, später ruhiger. — Pat. ist stark gehemmt, giebt auf Fragen nur nach langem Zögern Antwort, ist stark deprimiert; sein Magen, seine Lunge, seine Leber sei ganz verderbt, er könne nichts mehr essen, es gehe ihm schlecht. Sein ganzes Denken ist um diesen einen Punkt konzentriert. Alle anderen Fragen lässt er unbeantwortet. Er sitzt ruhig mit gesenktem Kopf auf einem Stuhl, zeigt für die Umgebung keinerlei Interesse, spricht auf Befragen in der Flüsterstimme, entwickelt immer dieselben Wahnideen. fragt man ihn, wo es denn fehle, antwortet er: „überall", der ganze Körper thue weh. Erkrankt Mitte Juli unter peritonitischen Erscheinungen, stirbt am 19. VII. 96. Hirnbefund: Sklerose des Schädeldachs, starke Verwachsung der Dura mit dem Schädeldach, Verdickung der Dura, Oedem der weichen Häute, geringgradige Leptomeningitis, Hydrocephalus int. und ext., Erweiterung sämtlicher Ventrikel, Hirnatrophie.

20) Georg A., 63 J., v., A.: 9. V. 91. Ueber Heredität nichts angegeben. Pat. leidet seit Ende März an „Melancholie und Verfolgungswahn". Soll schon einmal aufgeregt gewesen sein (?). — Pat. ist sehr gedrückt und einsilbig, fürchtet,

bestraft zu werden. Gosteht unter 4 Augen, dass er vor längerer Zeit einmal
eine Ziege geschlechtlich habe missbrauchen wollen. Er ist weinerlich, klagt,
dass es innerlich so reisse und ziehe, sein Kopf sei so wirr, schnt sich nach Hause.
Seine Familie gehe ohne ihn zu Grunde, äussert öfter, in der Nacht sei ihm seine
Frau erschienen, habe ihn gebeten, bald zu kommen. Pat. stellt später die
Geschichte mit der Ziege in Abrede. Er brütet den ganzen Tag vor sich hin,
ist immer tief verstimmt, ergeht sich zuweilen in zwecklosen Klagen, weiss selbst
nicht, was er will. Alles ist ihm zuwider, will von seinen Angehörigen nichts
mehr wissen, geht anfangs 92 mit seinen Wahnideen heraus, sagt, zu Hause sei
ihm so vieles verdächtig vorgekommen, das müsse noch alles ans Tageslicht;
seine Fabrikgenossen hätten ihn verleumdet, sagt auch zuweilen, in seinem Kopf
sei ein arger Durcheinander. Klagt anfangs 93 besonders über Schmerzen an
allen Ecken und Enden, ist immer die gleiche Jammerfigur. Ergeht sich oft in
schwachsinnigem, verrücktem Gejammer und Schimpfen, man ruiniere ihn, mache
ihn krank. Er wird immer blöder, seit 94 bemerkt man an ihm einen eigenartigen
Intentionstremor, hat während seines fernern Aufenthaltes immer dasselbe blöde
Gebahren, schimpft und klagt über seine Leiden, wird immer schwächer, stirbt
unter raschem Kräfteverfall am 18. VIII. 96. Hirnbefund: chronische diffuse
Pachymeningitis, Leptomeningitis, starker Hydrocephalus, ext. und int. Oedem der
weichen Häute, starke Hirnatrophie, Sklerose der Basilararterien.

21) Hermann G., 63 J., v., A.: 6. II. 95. Bruder ist sehr eigentümlich,
Vetter mütterlicherseits gemütskrank. Pat. galt von jeher für einen sehr eigenen
Menschen, war sehr religiös. Seit Herbst v. J. nahmen seine Geisteskräfte ab,
sein Amt wurde ihm schwer, auch veränderte sich seine Stimmung. Anfangs
dieses Jahres erkrankte er an Schlaflosigkeit, schlechtem Appetit, Präcordialangst.
Er wurde verstimmt, traurig. Es stellten sich Angstgefühle ein, er äusserte
Versündigungsideen, er sei verdammt zu Höllenpein, er habe sich dem Satan
ergeben, er habe die Sünde wider den hl. Geist begangen. Er sei von einem
Dämon besessen, erklärte Ende Januar, gestorben zu sein, seine Gestalt, obwohl
dem Rate G. ähnlich, sei die des Dämons, der in ihm sei; behauptet dann
wieder, nicht gestorben zu sein, sondern mit dem Teufel galvanisch verbunden zu
sein. Wurde auf Grund seiner Angstgefühle bedrohlich gegen die Frau, verweigerte
die Nahrung, äusserte Selbstmordgedanken. — Pat. ist immer in einer gedrückten,
ängstlichen Stimmung, behauptet einmal, er sei schon gestorben, dann wieder,
er sei ein Dämon, der die Gestalt des Rates G. angenommen habe. Die Versündigungsideen treten gegenüber den hypochondrischen mehr zurück, sein Leib
sei voll von Würmern, will nichts essen aus Angst, die Würmer in seinem Körper
zu vermehren, trinkt dagegen Bier, weil das keine Nahrung für die Würmer sei.
Pat. wird im März etwas freier, zweifelt, ob er der Geist G. oder G. selbst sei,
produciert wieder mehr Selbstanklagen, Verarmungsideen, es ist alles verloren,
seine Frau müsse verhungern, er bekomme keine Pension, er sei an allem schuld,
grübelt den ganzen Tag über sein Vorleben nach. Am 22. IV. 95 morgens
plötzlich sehr erregt, jammert und schreit, sein Leib sei ganz voll, bekommt
später einen leichten Krampfanfall, nach wenigen Minuten exit. let. Hirnbefund:
chronische diffuse Pachymeningitis und Leptomeningitis, chron. Hydrocephalus
ext. und int. Hirnatrophie, beträchtliche Hyperämie des Gehirns und seiner Häute,
Sklerose der Basilararterien, kleine Cyste im linken Linsenkern.

22) Tobias B., 66 J., v., A.: 17. I. 91. Vater und Vatersbruder † durch
Suicid. Pat. lebte sehr regelmässig, war von jeher zu melancholischen und
pessimistischen Anwandlungen geneigt. Erkrankte im v. J. an Influenza, hat
sich seitdem nicht mehr recht erholt. Seit Juli allerlei Wahnideen, er habe zu
wenig Religion, er sei ein grosser Sünder; ging viel in die Kirche. Äusserte, er
habe beim Rentamt sein Einkommen zu nieder angegeben, die Strafkosten würden
sein Vermögen übersteigen, glaubte sich in letzten Zeit von dem Juden über-
vorteilt, er sei der ärmste Mann. Machte einen Suicidversuch. Seit 14 Tagen
besonders unruhig, jammerto Tag und Nacht. — Pat. jammert, er stecke tief im

Unglück, will nicht zu Bette, er könne ja doch nicht schlafen, er habe ein schlechtes Gewissen, zeigt eine fassungslose Angstphysiognomie, klagt über Verstopfung, will seit dem Jahr 66 keinen Stuhl mehr haben, er müsse bald zu Grunde gehen, die Speisen verhärten sich und gehen nicht hinaus, jammert, dass er sein Vermögen verdummt habe, die Seinigen müssten nun hungern; Zuchthaus und Todesstrafe sind ihm gewiss. Man solle ihn nicht so lange hinhalten, sondern ihm die verdiente Strafe endlich zukommen lassen. Pat. zeigt immer dasselbe psychische Verhalten, verfällt körperlich immer mehr und mehr, stirbt unter Erscheinungen allgemeiner Schwäche am 6. II. 92. Hirnbefund: Sklerose und Atrophie des Schädeldachs, chron. Hydrocephalus int. und ext., chron. Leptomeningitis, Hirnatrophie.

23) Julius M., 67 J., v., A.: 13. VI. 93. Mutter sei ab und zu nicht ganz richtig gewesen. Eines der Geschwister † an einer Gehirnkrankheit (?). Pat. soll seit 3 bis 4 Monaten erkrankt sein, klagte über Druck im Magen, Verstopfung, Brustbeklemmung, Müdigkeit, plötzliches Gefühl von Wärme, das ihn durch die Brust und Rücken hinauf bis ins Hinterhaupt überkam, nannte es „verschlagene Hämorrhoiden", fortwährend starkes Herzklopfen und Eingenommensein des Kopfes, konnte keine vernünftigen Gedanken mehr fassen. Vor ca. 4 Wochen will er plötzlich bemerkt haben, wie ihm ein Tropfen im Gehirn heruntergefallen sei; seitdem hielt er sich für geisteskrank. Die Heirat seiner Tochter (vor ¹/₄ Jahr) brachte ihn in grosse Aufregung, so dass er fortwährend jammerte, er sei ein ruinierter Mann, er habe die österliche Beichte unterlassen, glaubt deshalb, der Herrgott habe ihn verlassen. Er geht bei Nacht klagend im Haus herum, alles sei verloren. Machte einen Suicidversuch, sagte, er wolle sich erhängen, die Distriktspolizei sei nach ihm auf der Suche. — Pat. ist ernst und gedrückt, äusserst wortkarg, sagt, er habe geglaubt, der Bürgermeister wolle ihn seiner mangelhaften Frömmigkeit wegen verhaften lassen. Klagt über eine Reihe körperlicher Beschwerden, Mund und Hals seien immer trocken, der Stuhl hart. Er spielt eine recht traurige Figur, steht immer am gleichen Fleck. Muss Mitte Juni katheterisiert werden, klagt, er sei selbst daran schuld, er habe masturbiert, klagt, die andern Pat. halten sich über ihn auf, er höre sie leise sprechen: „alter Saubär, mach, dass du weiter kommst"; sagt später auch, er höre Stimmen aus dem Nebenzimmer, er habe Kleider gestohlen, versichert, dass er unschuldig sei; glaubt oft auch, er dürfe nicht essen, stirbt am 22. X. 93 an Pneumonie. Hirnbefund: Sklerose des Schädeldachs, diffuse, chronische Pachymeningitis, chron. Leptomeningitis, Hirnatrophie, Sklerose der Hirngefässe.

24) Wolfang L., 67 J., l., A.: 12. XI. 90. In der weiten Verwandtschaft mütterlicherseits sind schon Geisteskrankheiten vorhanden gewesen. Pat. machte im vergangenen Winter Influenza durch, damals eine gewisse Unruhe, Befürchtung, nicht mehr zu genesen. Im Verlauf des Sommers Verschlimmerung, er zeigte eine grenzenlose Zweifelsucht und Ratlosigkeit, ging bei den einfachsten Verrichtungen mit sich zu Rate, wie er sich verhalten solle und machte sich dann regelmässig hinterher Vorwürfe, dass er es nicht richtig gemacht hätte. Er fühlte sich verlassen, glaubte sündhaft zu sein, äusserte Selbstmordideen. — Pat. ist nicht auffallend erregt, ernst gestimmt, schaut grübelnd vor sich hin, fragt, ob seine Brüder genügend für ihn bezahlt, meint, er müsse heute abend wieder fort, weil nicht genug Geld für ihn da sei. Das Gedächtnis ist defekt. Pat. wird bald unruhiger, geht kopfschüttelnd auf und ab, klammert sich an einen an, man möge ihm doch beistehen, sorgt sich ab, dass er zu Hause alles durcheinander gebracht habe, glaubt bei einer notariellen Sache die Taxe nicht recht berichtigt zu haben, sein Bruder hätte Geldverluste durch ihn erlitten, kommt vor lauter Zweifeln und Angstvorstellungen nicht zur Ruhe. Macht sich Vorwürfe, wenn er nicht laut genug „Guten Tag" gesagt hat, oder zufällig gegen einen Mitkranken gestossen ist. Klagt auch über Brennen im Hals, da müsse alles verbrannt sein, meint später, sein ganzer Körper müsse innen verbrannt sein, aussen sei er eiskalt; bringt immer dieselben Klagen vor, sein Vermögen sei verloren, er sei ein grosser

Sünder, es kommen ihm so schlimme Gedanken. Wird immer schwachsinniger, sonst immer dasselbe Bild. Pat. stirbt unter raschem Kräfteverfall am 12. IX. 95. Hirnbefund: enorme Pachymeningitis haemorrhagica int., Oedem der weichen Häute, Hirnatrophie, Sklerose der Basilararterien.

25) Johann M., 71 J., v., A.: 28. V. 94. Taute väterlicherseits zeitweise gestört. Seit etwa 9 Wochen Beginn der Erkrankung. Pat. las um diese Zeit im dortigen Lokalblatt einen Artikel, der sich mit Aichangelegenheiten befasste und in dem von einer fehlenden Wage die Rede war. Er glaubte nun, der Artikel kehre seine Spitze gegen ihn. Vor etwa 10 Jahren habe er als Magistratsrat eine alte Wage mit nach Hause genommen und seither auf dem Boden liegen. Er geriet darüber in Angst und Unruhe, das sei ein schweres Verbrechen im Amte, er komme ins Zuchthaus, die Augen würden ihm ausgestochen; getraute sich nicht mehr über die Strasse zu gehen. Äusserte ferner, er hätte auch einmal eine alte Baumsäge und einen Schraubenschlüssel mit nach Hause genommen und dann nicht mehr abgeliefert; beim Mehlaufschlag habe er aus Irrtum ½ Pfennig zu viel verlangt. In der letzten Zeit äusserte Pat. auch Verarmungswahnideen, er habe nicht mehr genug zum Leben u. s. w. — Pat. ist leicht gehemmt, in gedrückter Stimmung, die Sprache ist langsam, er muss sich lange besinnen, um den richtigen Gedanken, das richtige Wort zu finden. Er beschuldigt sich der oben erwähnten Vergehen, die um so gravierender seien, als sie im Amt begangen worden seien. Jeden Augenblick sei er in Angst, von dem Untersuchungsrichter ins Zuchthaus geführt zu werden. Durch dieselben Selbstanklagen vor. weint oft vor lauter Angst, wäre dem Gerichte dankbar, wenn es keine allzu strenge Strafe gegen ihn ausspreche; ist zuweilen freier, meint dann, es wäre alles recht gut, wenn nur nichts Schlimmes komme. Pat. zeigt eine ziemliche Portion Schwachsinn, ist abwechselnd bald mehr, bald weniger gedrückt, jedoch nie ganz frei von seinen Befürchtungen. Wird am 23. VI. 95 entl.

B. Frauen.

26) Sarah G., 20 J., l., A.: 17. IX. 91. Bruder epileptisch, Onkel mütterlicherseits Idiot. — Pat. ringt die Hände, jammert, sie habe grosses Unglück angestiftet, sie habe sich verfehlt, sei infolgedessen krank geworden und habe nun ihre ganze Umgebung durch ihren Hauch angesteckt. Alle Leute in ihrer Umgebung hätten so bleiche Gesichter und seien schon gestorben; schläft nachts wenig. Betrachtet meistens die Mitkranken, glaubt, sie seien durch sie (Pat.) getötet. Pat. riecht einmal Leichengeruch, ein andermal drängt sie fort, will der Wärterin die Schlüssel nehmen, kann nicht länger das von ihr angestellte Unheil mit ansehen; fühlt wieder ein anderes mal nachts ihrer Nachbarin den Puls, hält sie für gestorben; klagt einmal, alle ihre Glieder seien vermodert und verwest, der Magen sei verfault, sie könne nichts essen, beim Versuch, sie mit der Sonde zu füttern, äusserte sie zum Arzt: „Sie thun ihre Pflicht, aber der Magen ist verfault", jammert und senfzt: „das Unglück, alle sind durch mich ins Unglück gekommen", spricht sonst fast nichts. Immer dasselbe Sträuben, dieselbe Nichtachtung gegen sich, „ich bin's nicht wert, es ist entsetzlich." Wird anfangs April 92 besser, weint dazwischen noch, unterhält sich, häkelt ein wenig. Anfangs Juni frisch und munter, Euphorie, Krankheitseinsicht. Wird am 28. VI. 92 entl. Pat. heiratete später, während der ersten Schwangerschaft kurze Zeit labil.

27) Babette R., 22 J., l., A.: 14. V. 95. Keine Heredität. Seit 4 Monaten Cessieren der menses. Von da an datieren die Eltern die Krankheit. Pat. verlangte, bei den Eltern zu schlafen, es träume ihr „so närrische Ware", wurde ängstlich, klagte, sie hätte den Eltern besser folgen sollen, habe zu wenig gearbeitet.

Sie sei nicht krank, das sei nur Schlechtigkeit. Machte anfangs Mai einen Suicidversuch, jammerte nachher: was habe ich gethan, das hätte ich nicht thun sollen, ich habe mich versündigt. — Pat. scheint etwas benommen, seufzt und ächzt, jammert: „ach, ist mir so dumm, was ist mir denn, was habe ich denn thun wollen"; giebt richtige Auskunft, ist langsam in ihren Bewegungen, in den ersten Tagen ist sie recht ängstlich, man merkt, dass sie von innerer Unruhe gequält ist. Macht Ende Mai einen besseren Eindruck. Anfangs Juni etwas weinerlich, weil menses wieder ausgeblieben; traten Ende Juli ein. Pat. ist gegen Ende ihres Aufenthalts in guter Verfassung, klar, hat Krankheitseinsicht. Wird am 12. VIII. 95 entl.

28) Babette Z., 22 J., l., A.: 24. IX. 95. Vater potator, brutal und zu geschlechtlichen Ausschweifungen geneigt. Entfloh vor 5 Jahren wegen eines Sittlichkeitsverbrechens nach Amerika. Schwester des Vaters war geisteskrank. Pat. ist seit einigen Wochen einsilbig und vergesslich; vor 10 Tagen plötzlich Selbstmordgedanken, producierte Versündigungsideeen, sie habe alle Menschen zu Grunde gerichtet; Gesichtsausdruck war ängstlich. — Pat. ist stark gehemmt. sitzt regungslos da mit trauriger Miene, meint, die Todesstrafe sei zu gering für sie, sie sei schuld am Untergang der Welt. Alles sei vernichtet. Pat. ist etwas benommen, mangelhaft orientiert, sagt, es sei ihr wie im Traume. Ist immer voll Angst und Furcht, nachts manchmal unruhig. Anfangs 96 ist sie ruhig, still, apathisch, ängstlich gedrückt, atmet zuweilen tief auf, offenbar im Angstaffekt; glaubt, es sei zu Hause etwas passiert, ist bis zum Ende ihres Aufenthaltes still und ernst. Wird am 2. IV. 96 entl.

29) Babette W., 23 J., l., A.: 9. I. 95. Vater sei periodisch schwermütig, lebt noch. Das Attest besagt nur, dass Pat. zuerst grosse Vergesslichkeit, Reizbarkeit gezeigt habe, konnte keine Arbeit mehr fertig bringen, klagte sich selbst grundlos an, hatte Selbstmordgedanken. — Pat. ist ruhig und still, sie giebt selbst an, ihre Krankheit habe vor 4 Wochen begonnen, es habe wegen einer zahmen Dohle Verdruss im Hause gegeben. Ihre Herrschaft habe sie deswegen angeschaut, die Leute im Hause hätten vor ihr ausgehustet, hätten sie nicht mehr gegrüsst. Ihre Frau habe sie ausgerichtet u. s. w. Pat. wird allmählich auch in der Anstalt argwöhnisch, man spreche über sie, „ich weiss nicht, was die andern meinen, ich bin halt an allem schuld"; schaut oft ängstlich verwirrt um sich. Wird am 10. IV. 95 nach K. überführt.

30) Anna Barbara K., 23 J., v., A.: 4. IV. 95. Ein 20jähriger Bruder habe seit ½ Jahr Anfälle. Anamnese besagt nur, dass Pat. im November 94 erkrankt sei und ins Krankenhaus verbracht wurde, blieb dort nur 24 Tage, wurde dann zu ihrer Mutter gebracht. Dort war sie dauernd ruhig, soll nie einen Suicidversuch gemacht haben. — Pat. liegt wie eine Leiche da mit melancholischem Gesichtsausdruck, Augen geschlossen; bei Ansprache öffnet sie müde die Augen, fängt zu weinen an; ein Wort bekommt man nicht zu hören, will zwar hie und da einsetzen, kommt aber über ein Winseln nicht hinaus. Später ab und zu einige Jammerworte. Anfangs Juli Besserung, isst nun selbst, aber immer noch recht still und gehemmt; meist in gedrückter, weinerlicher Stimmung, spricht für gewöhnlich nichts, äussert auf Anrede, es geht jetzt schon besser. Weiss über den Grund ihrer Traurigkeit nichts anzugeben. Mitte September wird sie etwas freier, ist aber immer noch gedrückt und einsilbig, doch lacht sie nun auch, bekommt Krankheitseinsicht. Am Schlusse ihres Aufenthalts gut, doch noch etwas apathisch. Wird am 6. XI. 95 entl.

31) Elisabetha Sch., 24 J., l., A.: 9. III. 92. Vater potator; hatte Hang zu religiöser Schwärmerei; Schwester melancholisch; 2 Geschwisterkinder mütterlicherseits ebenfalls gestört. Anfangs ds. Js. trat eine Änderung im Benehmen der Pat. ein, weil sie sich angeblich von ihrem Liebhaber vernachlässigt und gefoppt glaubte. Sie arbeitete nicht mehr, sass herum, betete viel, citierte Bibelsprüche und Gesangbuchverse; zeigte grosse motorische Unruhe. Pat. wurde am 21. I. 92 in die Klinik zu W. verbracht, wurde jedoch schon am 24. 1. aus pekuniären Rücksichten wieder in ihre Heimat entlassen. Zu Hause sass sie

meist still in einer Ecke, jammerte hie und da, sie sei schuld an der Influenza-epidemie und an dem grossen Schnee; Gott hätte damals allein auf sie aufgepasst und alles andere ausser Acht gelassen: sie habe ihm aber doch nicht gefolgt. Sei nun ewig verloren, sei eine grosse Sünderin. In der letzten Zeit drängte sie ab und zu ungestüm fort, wollte sich zum Fenster hinausstürzen. Schlaf und Appetit schlecht. — Pat. ist vollständig ruhig, stumpf, kümmert sich nicht im geringsten um ihre Umgebung, sehr wortkarg, giebt auf Fragen nur mühsam Auskunft, klagt, sie sei die grösste Sünderin, könne nicht mehr beten, sie habe schon in W. gedacht, sie gehe ins Wasser: verlangt Ende Mai tagtäglich zum Abendmahl, ist sonst absolut apathisch, zupft an den Händen. Wird Mitte Juni besser, ist in der letzten Zeit ihres Aufenthalts immer vergnügt und munter. Wird am 18. VIII. 92 entl.

32) Sali M., 26 J., l., A.: 23. III. 96. Grossmutter väterlicherseits soll hysterisch gewesen sein, Vater soll sich öfter Selbstvorwürfe gemacht haben, hatte Hang zu religiöser Schwärmerei. Vor 1 Jahr litt Pat. an Rhinitis atrophica. Pat. war unglücklich darüber, dass ihre Nase so wenig absonderte. Im Januar 96 consultierte sie einen Zahnarzt, der sie wegen ihrer Zahnstellung fragte, ob sie einmal syphilitisch gewesen sei. Seit der Zeit glaubte sie, an einer unheilbaren Krankheit zu leiden und ihre Mutter auch angesteckt zu haben. Allmählich stellte sich ein Versündigungswahn ein: dadurch, dass sie masturbiert habe, habe sie eine unheilbare Krankheit acquiriert, sah später den Teufel, der sie holen wollte, hatte Selbstmordgedanken. — Pat. ist ziemlich orientiert, doch ist das Bewusstsein etwas traumhaft, schaut verwirrt drein, scheint zu hallucinieren, macht einen hysterischen Eindruck; ist immer in ängstlicher Gemütsstimmung, ruhelos, sagt, sie sei das schlechteste Luder, sie habe sich vom Teufel verführen lassen, sie stecke die andern an, sie sei der Teufel. In der letzten Zeit ist sie ziemlich abweisend, wird am 8. X. 96 abgeholt.

33) Doris R., 27 J., v.. A.: 28. XI. 91. Eines der Geschwister war gemütskrank. Pat. war immer etwas religiös gesinnt. Letzte Geburt vor 8 Wochen. Schon während der Schwangerschaft wurde sie ängstlich. Pat. sah ein Kind mit einem Muttermal, fürchtete, ihr Kind könnte auch so eins auf die Welt bringen. Schlaf war immer schlecht. Als sie eine neue Wohnung gemietet hatten, musste dieselbe aufgegeben werden, da hier ein Schwindsüchtiger gewohnt. Sie zogen dann in einen andern Stock. Pat. ist nun immer von dem Gedanken gequält und geängstigt, dass sie geisteskrank und dass ihr Kind auch einmal geistes-krank würde, äusserte Lebensüberdruss, machte auch einen Suicidversuch. — Pat. klagt über Kopfschmerzen, meint, sie sehe alles nicht mehr so hell wie früher, die Augen seien so abgespannt, es würde nie mehr besser, ihr Kind würde geisteskrank, das sei erblich. Wenn sie nach Hause komme, bringe sie sich und ihr Kind um. Weint nicht selten, ist voll Furcht und Angst wegen ihrer Kinder, klagt immer über Kopfdruck, da sei wohl das Gehirn krank. Wenn sie nur nicht mehr am Leben wäre. Mitte Januar 92 nahm sie beim Essen eine Gabel zu sich, wollte damit auf den Abort. In den letzten 8 Tagen ihres Aufenthaltes etwas besser, frischer, nicht mehr so ängstlich gedrückt. Wird auf Verlangen des Mannes am 19. II. 92 entl.

34) Betty S., 27 J., v., A.: 27. VI. 96. Über Heredität nichts angegeben. Pat. hat vor 9 Wochen entbunden. Sonst sind keine anamnestischen Notizen vorhanden. Pat. ist gedrückt, weinerlich, bringt allerlei hypochondrische Be-schwerden vor, aufs Essen werde es ihr so heiss, es ziehe ihr oft in der Herzgegend zusammen, der Stuhlgang sei angehalten u. s. w.; dabei sei sie schwermütig. An manchen Tagen frischer, dann wieder gedrückt. Sie habe gar keine Freude. ist oft ganz ohne Hoffnung und Zuversicht. Anfangs August ist sie äusserst gedrückt, sie sei eine ganz schlechte Person, habe ihren Mann unglücklich gemacht, sie sei an allem schuld. Sie werde nicht mehr gesund. Wird gegen Ende des Monats freier und munterer. Am 25. VIII. menses. Ist bis zum Ende ihrer Entlassung immer sehr frisch und heiter. Wird am 17. X. 96 entl.

— 23 —

35) Marie Marg. E., 27 J., l., A.: 10. VIII. 96. Über Heredität nichts bekannt. Pat. sei von jeher etwas ernst gewesen. Seit Mai 96 sei sie verändert. Sie klagte und jammerte, nachdem sie einmal von der Kirche nach Hause kam, sie habe nicht mehr recht beten können, ihre Seele sei jetzt verloren, ihr könne nicht mehr geholfen werden, dabei klagte sie über Kopfschmerzen und Schwindel, lief unruhig umher, betete viel. Seit 4 Wochen ist sie stärker aufgeregt, äusserte auch Selbstmordgedanken, machte einen Suicidversuch. Menses in Ordnung. — Pat. ist unstet, ruhelos, sie giebt an, die Krankheit habe anfangs Mai begonnen, es sei ihr in den Kopf so gestiegen, jetzt sei es auch noch so schwindlich, es brenne sie überall, sie habe halt keine Ruhe. Ist zuweilen sehr erregt, voll Angst und Jammer, dann jammert und klagt sie wieder über Kopfschmerzen, liest viel im Gebetbuch, zuweilen hat sie Präkordialangst, sagt, es seien „geistliche Anfechtungen". Stimmen höre sie keine. Ist gegen Ende wechselnd, bald freier, bald wieder ängstlich, hat keine Krankheitseinsicht, ist äusserlich ruhig. Wird am 17. VI. 97 entl.

36) Emma B., 28 J., l., A.: 23. I. 92. 1. Aufenthalt 26. V. 84 bis 30. IV. 85 geh. entl. (Melancholie). Über Heredität und Beginn der Erkrankung nichts angegeben. — Pat. ist voll Angst, unstet, frägt in einem fort: „Gelt, der liebe Gott hilft mir? gelt, ich werde zu Hause beerdigt? ja. Sie helfen mir? gelt, ich werde wieder gesund?" Wird zuweilen heftig, „Du willst mich umbringen", schaut den Arzt zornig an, spricht dazwischen alles nach, wird anfangs Februar frischer, klarer, nicht mehr so ängstlich, klagt dazwischen über Magendrücken, Kopfschmerzen, ist noch recht matt und müde. Stimmung immer noch labil, hat zuweilen Präcordialangst, weint dazwischen heftig, sieht schwarze Gestalten, äussert, sie habe so Angst gehabt, es sei ihr so eng geworden. Klagt dann auch wieder, dass alles so schwer, so dick, so aufgeblasen sei, ihre Hände riechen so eigentümlich. Anfangs April frisch und munter, klagt da und dort noch über ihren Magen. Zuweilen Kopfschmerzen, sonst gut. Wird am 23. V. 92 entl.

37) Babette Sch.. 31 J., v., A.: 16. V. 91. Onkel mütterlicherseits gestört gewesen. Pat. hatte schon in den letzten Jahren gedrückte Gemütsstimmung, zeitweilig Angst. Nach der vorletzten Entbindung (vor 3 J.) und der letzten (31. VIII. 90) bedeutendere Blutungen und bei der letzten noch übelriechenden Ausfluss, Endometritis; z. Zt. noch chronische Metritis und Entzündung des rechten Ovariums. Am 25. X. 90 trank Pat. auf Anraten einer Frau eine Tasse Rotwein mit 5 Muskatnüssen. Behauptete, es sei ihr darauf gewesen, als ob sie sterben müsse, als ob ihr „das Gehirn zerrissen würde", wurde von da an mehr und mehr melancholisch. Sie lief öfter fort, blieb nachts im Walde, war weinerlich, klagte, die Kinder seien ihr gleichgiltig geworden, ihr Geblüt sei ganz zu Eiter umgewandelt; z. Zt. der menses erregter. War suicidverdächtig. — Pat. klagt über Unruhe, sie habe keine Empfindung mehr, sie habe kein Herz mehr für ihre Kinder, jammert und weint viel, nun sei alles anders. Ist an manchen Tagen besser, an anderen wieder recht weinerlich, heult, winselt, macht dann Drosselversuche. Sie weint über ihr selbstverschuldetes Unglück, sie habe sich durch Muskatnusswein ruiniert (!), ihr Gehirn werde zu Eiter, die Nerven stinken, ist oft recht von Angst erfüllt. Zeigt immer dasselbe Verhalten. Mitte 93 wird sie frischer, arbeitet, ist zufrieden, andauernd ruhig, klagt noch über Mattigkeit. Wird am 21. VIII. 93 entl.

38) Anna Rosine N., 32 J., v., A.: 29. V. 93. Über Heredität nichts zu eruieren. Pat. erkrankte bald nach der letzten Geburt (17. XI. 92) unter Schüttelfrost an Parametritis, dabei wurden Aufregungszustände beobachtet. Darauf wurde Pat. stiller, wechselnd bald heiter aufgeräumt, bald traurig, reizbar, wenn ihr ihr Mann einen Wunsch nicht erfüllte; besonders fiel ihre Unruhe auf. Sie verliess oft das Haus, stand auch nachts öfters auf, um zu entlaufen. Sie bat ihren Mann, das Haus zu verkaufen, damit sie an einen andern Ort komme, es würde dann besser mit ihr. Da der Mann ihr diesen Wunsch nicht erfüllte, drohte sie öfter, ihn zu erstechen. In letzter Zeit machte sie 3 Selbstmordversuche.

Bei dem letzten hing sie schon röchelnd am Strick, behauptete aber trotzdem, es sei ihr damit so wenig Ernst gewesen wie mit den Drohungen. Dem behandelnden Arzt gab sie auf Vorhalten ihres Benehmens und Fragen nach der Ursache dazu an, sie wisse nicht, warum sie es thue, sie fühle eben einen Drang hiezu. — Pat. ist sehr zurückhaltend, bittet und bettelt, sie fortzulassen, ist in den ersten Tagen recht unstät, beim Besuch des Mannes weinte sie viel, klammerte sich an ihn an. Man merkt ihr eine starke Unruhe an, sie läuft dem Arzt auf Schritt und Tritt nach. Pat. ist meist äusserlich ruhig, trotzdem sieht man ihr an, dass sie sich beherrschen muss, um ihre Angst und Unruhe zu verbergen. Jammert oft, dass es nicht regne, es gehe alles kaput. Wird am 20. VIII. 93 vom Manne abgeholt.

39) Sophie S., 33 J., v., A.: 28. I. 95. Mutter melancholisch. Pat. soll sich bei der Pflege ihres Mannes, der infolge Herzfehlers krank und hilflos darniederlag, überanstrengt haben. Sie geriet deshalb in düstere Stimmung. Machte einen Suicidversuch. Wurde deshalb am 22. XI. 94 ins Krankenhaus in N. verbracht. War dort immer ruhig und lenksam, doch stets in trüber Stimmung. Am 29. XI. 94 wieder entlassen. Wurde zu Hause nach einigen Wochen wieder aufgeregt, plagte die Familie mit Selbstanklagen und Vorwürfen. 2. Suicidversuch. Am 21. XII. 94 Wiederaufnahme ins Krankenhaus. Am 23. I. 95 Überbringung nach hier. — Pat. ist ruhig, still, ernst, zuweilen recht sorgenvoll, weint dann. Sagt Ende April, sie habe nun keine Angst mehr, erscheint munter und zufrieden. doch immer etwas still und zurückhaltend, scheint keine Angst mehr zu haben. Wird am 29. VI. 95 „geb." entl.

40) Katharine K., 34 J., v., A.: 6. V. 96. Grosstante und deren Tochter geisteskrank. Die Krankheit begann am Ende des vergangenen Jahres. Pat. fuhr nachts plötzlich im Bette auf, sagte, sie könne nicht mehr schlafen. War dann sehr ängstlich. Wurde immer mutloser und furchtsamer, bekümmerte sich seit Februar immer weniger um ihre Wirtschaft, äusserte, sie sei die grösste Sünderin, sie komme in die Hölle. Sie habe alle Menschen beleidigt, die Leute redeten von ihrer Sünde, sie käme in die Zeitung, sagte, sie müsse sich noch das Leben nehmen, machte am 4. V. 96 einen Suicidversuch. — Pat. weint viel, ist langsam und spärlich in ihren Äusserungen, klagt sich grosser Sünden an, fürchtet schwere Sühne, ist immer gedrückt, in ihrem ganzen Gebahren schwerfällig, sehr wenig zugänglich, man muss ihr jedes Wort abkaufen, klagt über Präcordialdruck, sagt, sie müsse sich absorgen, wie es zu Hause wohl gehe, weint oft. Wird gegen Ende ihres Aufenthalts etwas freier, ist aber immer noch recht sorgenvoll und gedrückt. Wird am 26. X. 96. entl.

41) Anna S., 35 J., v., A.: 4. XII. 86. Heredität nicht nachzuweisen. Pat. war gesund bis zum 22. Jahr. Damals wurde sie in Folge der Redemptoristenpredigten melancholisch. War in der Anstalt zu M. vom 13. VI. 73 bis 10. X. 73. Wurde „geh." entl. Im Mai 85 bis Oktober 85 zweiter Anfall von Melancholie. Stürzte sich vom Fenster herab und brach sich den Oberschenkel. Die jetzige Erkrankung besteht seit Juni 86 und soll die rohe Behandlung von seiten des Mannes daran die Schuld tragen. Machte einige Suicidversuche. Pat. wollte bald jeden anbeten, bald hob sie die Röcke empor und stellte sich so der Jugend vor. — Pat. macht den Eindruck einer schwer Melancholischen, ist äusserst ängstlich, ringt die Hände, bringt kein Wort heraus; seufzt nur und lispelt leise vor sich hin: „o Jesus, o Jesus", kniet oft vor einen hin, zerkratzt sich in ihrer Angst den Kopf, sagt häufig, sie hätte das oder jenes nicht essen sollen, jammert und winselt. Das Essen muss ihr meist gegeben werden; dabei ist sie gewöhnlich unrein, bleibt auf einem Fleck sitzen; dieser Zustand hält ziemlich unverändert bis Ende 96 an, nur dass sie in letzter Zeit andauernd ruhig geworden ist, selbst zu essen anfängt und nicht mehr unrein ist. im übrigen spricht sie kein Wort, sitzt unbeweglich da mit gefalteten Händen, reagiert auf Anreden höchstens mit einem schwachen Lächeln. Wird am 11. X. 96 entl.

42) Marie Sch., 35 J., v., A.: 14. XII. 92. Mutter soll 4 Jahre gemütsleidend gewesen sein. Pat. hat im Anfang ihrer Ehe (vor ca. 10 J.) viel Streit
mit ihrer Schwiegermutter gehabt. Entzweite sich völlig mit ihr; war im Anschluss
daran in recht gedrückter Stimmung, soll sich mit dem Gedanken der Scheidung
getragen haben. Die spätern Jahre der Ehe sollen glückliche gewesen sein. Die
jetzige Erkrankung begann anfangs September 92. Während ihr Mann verreist
war, grübelte Pat. viel über die im 1. Jahre ihrer Ehe erlittenen Kränkungen
nach, machte sich Vorwürfe, dass sie sich damals nicht habe scheiden lassen.
Pat. wurde immer unruhiger, jammerte, machte sich Selbstvorwürfe, äusserte auch
Selbstmordideen. — Pat. giebt über Personalien richtige Auskunft, sie sei vor
9 Jahren 14 Tage ähnlich erkrankt gewesen, erzählt ihre Differenzen mit ihrer
Schwiegermutter und den Beginn ihrer neuen Erkrankung. Seit 14 Tagen sei
eine Verschlimmerung eingetreten, sie habe so einen Druck im Leibe, keinen
Appetit, möchte nur immer Bier trinken; habe schliesslich 4 Glas täglich getrunken,
dies habe ihr Ruhe verschafft. Pat. äussert, eine Stimme spreche aus ihr „scheiden,
scheiden", da müsse sie sich scheiden lassen, sie könne nicht anders, jammert und
winselt zuweilen, weiss nicht, was sie will, „soll ich mich scheiden lassen, oder
soll ich zu meinem Manne". „Ach, das ist eine Sünde, dass ich meinen Geschwistern
nicht gesagt habe, dass ich hier bin, ich hätte nicht hereingesollt", ist immer voll
ängstlicher Unruhe, klammert sich oft an. Ende des Jahres etwas besser und
frischer. Zu Anfang 93 wieder recht schwankend und wankelmütig, voll Zweifel.
Anfangs Februar wieder besser. Wird am 11. V. 93 vom Manne abgeholt.

43) Kunigunde R., 35 J., l., A.: 22. IX. 92. Vater war einmal melancholisch.
Pat. war immer zufrieden, ruhig, solid, nie furchtsam, ängstlich. Vor 14 Tagen
wurde sie stiller, stierte in die Ecke, sie sei die Allerschlechteste in der Welt, sie
habe die grösste Sünde begangen, sie komme aufs Schaffot, hörte nachts die Leute
kommen, welche sie holen wollten. Sie habe Schlechtigkeiten begangen, sie sei
während der Abwesenheit ihrer Dienstherrschaft vergewaltigt worden, sie sei in
der Hoffnung, machte einige Suicidversuche, schlief schlecht, ass seit 3 Tagen
nichts mehr, sie sei nicht wert, etwas zu essen. — Pat. ist ernst, trotz äusserer
Ruhe und scheinbarer Apathie, doch unverkennbar von hochgradiger, innerer
Angst gequält; erklärt auch auf Befragen, sie ängstige sich, dass sie wegen ihrer
Schlechtigkeit von der Polizei verfolgt werde. Sie ist sehr zurückhaltend und
wortkarg, auch sonst in ihrem Benehmen träge und energielos. Pat. sitzt still mit
gefalteten Händen da, nimmt kaum Notiz von der Umgebung. Auf eindringendes
Befragen äussert sie nur, sie sei in der Hoffnung. Pat. hatte neulich menses.
Äusserte einmal: „darf ich meine Mutter noch einmal sehen, haben sich meine
Angehörigen nicht meinetwegen umgebracht?" Ist immer noch recht ängstlich,
glaubt fortwährend in der Hoffnung zu sein. Wird am 20. XII. 93 nach B.
überführt.

44) Christine H., 36 J., v., A.: 25. IV. 92. Tante mütterlicherseits war
gemütskrank, Vater soll „eigen" gewesen sein. An Weihnachten 91 sagte eine
Verwandte der Pat., dass ihr Mann ihr untreu sei, sie wurde darauf verschlossen,
hatte wenig Lust zum Arbeiten; anfangs Februar wurde sie zerstreut, ängstlich,
gleichgiltig gegen die Familie, hatte häufig Präcordialangst, musste über jede
Kleinigkeit weinen. In der letzten Zeit lebensüberdrüssig, machte Suicidversuche,
äusserte, sie sei von Gott verlassen, werde nicht mehr angenommen, sie sei die
grösste Sünderin. — Pat. ist äusserlich ruhig, völlig orientiert, giebt auf Fragen
ordentliche Auskunft, erzählt, dass ihr gesagt worden sei, ihr Mann sei ihr untreu.
Sie habe zwar nie einen Anhaltspunkt dafür gehabt, doch sei es ihr zu Herzen
gegangen, seither habe sie keine Ruhe mehr, sei ganz dumm im Kopfe, habe Angst,
in die Hölle zu kommen, fürchte sich vor dem Schwarzen; sagt, seit Lichtmess
höre sie auch öfter Stimmen, vor den Augen tanzen ihr ab und zu Ringelchen.
Pat. ist immer still, gedrückt, weint dazwischen, sie müsse an daheim denken,
klagt über Stimmen, die sie hört, wie sie z. B. zum Abendmahl gegangen, habe
es geheissen, sie gehe unwürdig, dann meine sie immer, sie werde nicht selig,

komme in die Hölle. In ihrem Wesen ist sie apathisch gehemmt, müde; wenn man sie anspricht, macht es ihr oft Mühe, die Thränen zu unterdrücken. Wird im Juli 92 etwas zuversichtlicher, strickt fleissig, ist bis zum Schluss des Aufenthaltes still, doch nicht gerade deprimiert. Wird am 13. VIII. 92 entl.

45) Anna H., 37 J., v., A.: 30. VII. 95. Onkel † durch Suicid. Pat. hatte vor 23 Wochen entbunden. Seit einigen Tagen ist Pat. sehr gereizt, ängstlich; es traten Selbstanklagen, Verfolgungsideen, Verwirrtheit auf. Sie liess Stuhl und Urin unter sich gehen. — Pat. ist ängstlich, weint dazwischen, Sprache gehemmt. Ist voll trüber Ahnungen, glaubt, ihr Mann sei gestorben, fürchtet, die Welt gehe unter; ist an allem Unglück der Welt schuld; nachts habe sie so schwere Träume, daher ihre Befürchtungen. Ist die ganze Zeit in einer ängstlichen, weinerlichen Gemütsverfassung. Ende August ist Pat. manchmal ganz verwirrt und desorientiert, halluciniert, hört, dass ihre Familie ausgestorben sei, dass es einen grossen Krieg gebe, sieht schwarze Kleider; ist in voller Verzweiflung; hört auch ihren Namen „Anna" rufen, glaubt, niemand komme mehr heraus, alles werde eingemauert; klagt sich zuweilen an. Gegen Ende 95 an manchen Tagen freier, an andern ziemlich still, gedrückt, sieht wiederholt Feuerschein, weint sehr leicht. Anfangs 96 gute Tage, abwechselnd mit schlechten; bekommt in der zweiten Hälfte des Jahres Krankheitseinsicht, wird munter. Wird am 24. IX. 96 entl.

46) Barbara Sch., 37 J., v., A.: 10. V. 91. 2 Tanten väterlicherseits † durch Suicid. Pat. hatte Hang zu religiöser Schwärmerei. Im Jahre 90 Hernie, musste Oktober 90 operiert werden; ca. 5 Wochen nach der Operation Angstanfälle. Congestion zum Kopfe, Herzklopfen, schlief schlecht. Sie hielt sich nun für verworfen, glaubte, der böse Feind habe es ihr angethan, alles sehe verändert aus, sieht vor den Augen Funken. Klagte, es treibe sie, sich zu töten. — Pat. giebt an, 5 Wochen nach der Operation habe sie „so Anfälle" bekommen, es sei zum Kopfe gestiegen, das Herz habe so geklopft, sie habe Magenkrämpfe gehabt, Brechreiz, Aufstossen, dann den Zwang, dass sie nicht mehr leben könne. Alles komme ihr traurig, wie finstere Nacht vor. Vor den Augen flimmere es, alles thue ihr weh, sie sei eben tiefsinnig. Sie ist immer voll Angst, sie sei von Gott verlassen, sie habe keine Ruhe, sie meine halt, das komme vom Bösen, klagt dann wieder, sie müsse halt immer nachdenken über die Seligkeit, über ihre Sünden, Dann jammert sie wieder, dass sie immer von so bösen Gedanken geplagt würde. Ist gegen Ende ihres Aufenthalts an manchen Tagen ruhiger, frischer, arbeitet fleissig, an andern mehr von depressiven Gedanken heimgesucht. Wird am 22. VII. 93 entl.

47) Anna Katharina E., 38 J., v., A.: 1. V. 96. Vater war schwermütig. Pat. veränderte sich seit ¼ Jahr in ihrem Wesen, sie war ängstlich, sehr aufgeregt, leicht reizbar. In den letzten Tagen sollen „Geister" zu ihr geäussert haben, sie solle sich das Leben nehmen, wurde menschenscheu, klagte über ein eigentümliches Brennen am Körper und über Zittern am ganzen Leibe, heftige Kopfschmerzen; in den letzten 8 Tagen Verschlimmerung, verlangte selbst in die Anstalt. Menses in letzter Zeit sehr reichlich. — Pat. zeigt eine vage Ängstlichkeit und Gedrücktheit, ist unverkennbar hysterisch angehaucht, klagt, dass sie ängstlich sei, fragt, ob sie wieder besser werde, zuweilen klagt sie über hysterisch-hypochondrische Beschwerden, über Knie-Zittern, Ziehen und Reissen da und dort. Kopfdruck, Verdauungsklagen, liegt deswegen häufig zu Bett. Anfänglich andauernd gedrückt, später wechselnd, ist meist etwas ängstlich still, zuweilen mehr gedrückt, dazwischen wieder munterer, voll Zuversicht. Wird am 4. VII. 96 entl.

48) Barbara N., 38 J., v., A.: 9. II. 94. Mutter nicht ganz normal. Schwester, sowie deren zwei Söhne in der Anstalt gewesen. Pat. klagte immer viel über Kopfschmerzen, Magenkrämpfe, Schwindel, Ohnmachtsanfälle (?). Am 2. IX. 93 starke Erkältung während der Menses. Seit dieser Zeit ängstlich gedrückt, weinte, schrie: „ich geh' ins Wasser," äusserte Versündigungsideen, machte auch einen Suicidversuch. Dezember bis Januar Nachlass der Erscheinungen,

dann wieder Verschlimmerung. — Pat. jammert, winselt, sie sei so vertrocknet, es friere sie so in den Füssen, sie habe so Leibschmerzen, sie sei so krämpfig, ist in ihrem Gebahren etwas läppisch und kindisch. Sensibilität gut, giebt an, vor einiger Zeit sei das Gefühl abgestumpft gewesen (?). Über ihre Anfälle befragt, weiss sie keine Auskunft zu geben. Am 20. II. früh ein Schwächeanfall; erzählt darauf, sie habe es früher öfter schon gehabt, wird etwas redseliger, erzählt, dass sie in einem Anfall Urin und Kot entleert habe, sie sei ganz steif hingefallen. Ist sonst meist recht still und wortkarg. Brütet vor sich hin, äussert, sie wolle heraus, um ins Wasser zu gehen, wird auf Verlangen des Mannes am 5. IV. 94 ungeh. entl.

49) Sabine Z., 40 J., v., A.: 18. XI. 95. Bruder war melancholisch. † Schwester soll nicht ganz richtig gewesen sein. Ein Geschwisterkind mütterlicherseits geisteskrank. Pat. erkrankte schon mit 20 Jahren an Melancholie. Die jetzige Erkrankung wird auf Mai 95 zurückdatiert, wo sie eine heftige Verbrühung des Armes erlitt. Sie lag 7 Wochen fest zu Bett, sie habe keine Energie zum Aufstehen gehabt, sei dadurch ins Grübeln gekommen. Sie glaubte dann, sie könne nicht mehr recht gesund werden, sie könne keine rechte Mutter mehr für ihre Kinder sein, meinte, von ihrem Manne nicht verstanden zu werden. In letzter Zeit Versündigungsideen. Pat. verlangte selbst in eine Heilanstalt verbracht zu werden, meinte aber dann wieder, es sei zu spät, wohl auch nicht mehr nötig. — Pat. ist einsilbig, gedrückt, leicht gehemmt, meint, sie hätte früher schon hergesollt, dann, sie bleibe nicht da, giebt auf Befragen keine oder ausweichende Antworten, äussert, als eine alte Mitkranke zur Thüre hereinging, „das ist schauderhaft, das sind die alten Hexen;" ein andermal, „das ist ein Rätsel, das kann man nicht lösen;" spricht sonst kein Wort, schaut verwirrt in die Luft; steht meist drängend an der Thüre, will sich ausziehen, isst nichts, fängt anfangs Februar an, selbst zu essen, wird etwas besser, doch immer noch unstät, unzugänglich. Wird am 10. II. 96 entl.

50) Käthe S., 41 J., v., A.: 13. II. 96. Über Heredität nichts angegeben. Ein ärztliches Zeugnis besagt, dass Pat. an „Melancholie" leide und Selbstmordideen habe. Ein Sohn sei vor ¼ Jahre gestorben. — Pat. ist ängstlich, macht sich Vorwürfe wegen ihres jüngsten (12j.) Sohnes, sie hätte gleich den Arzt rufen sollen, dann wäre er nicht gestorben. Bewusstsein klar. Sie ist zuweilen sehr von Angst gequält, grübelt und sorgt sich ab, macht sich immer dieselben Vorwürfe, ist immer zu Bette, erklärt, sie könne nicht mehr aufstehen. Beim Sprechen kommen ihr immer die Thränen in die Augen. Die zum Geburtstag geschickten Blumen verursachen heftiges Weinen, „wenn's lieber ihre Sargblumen wären." Ist in der 1. Hälfte des Jahres immer gleich stark gedrückt, in der 2. etwas munterer, frischer, aber immer noch still, langsam, träge, etwas gehemmt. Erkrankt Mitte August an hypertrophischer Lebercirrhose, wird am 17. IX. 96 in die innere Klinik transferiert.

51) Margarethe R., 42 J., v., A.: 15. VI. 92. Vater an Schlag †, Tante mütterlicherseits schwermütig. Pat. hat ausserehelich einmal geboren. Seit ungefähr 2 Jahren nicht mehr normal. Hatte Gewissensbisse wegen ihres ausserehelichen Kindes, hielt sich für verflucht. Ruhigere Tage wechselten mit erregteren ab. Seit 2 Monaten Verschlimmerung, sie wurde unruhiger, ängstlicher, jammerte viel, sie könne nicht mehr zu Gnaden angenommen werden, sie habe zu sehr gesündigt, sei vom Teufel besessen. — Pat. ist recht ängstlich, seufzt und stöhnt, man muss ihr die Antworten abringen. Gesichtsausdruck von Angst erfüllt. äussert, sie komme nicht zu Gott, werde nicht selig, habe sich zu sehr versündigt. Haltung ganz apathisch. Am 20. VI. 92 sehr von Angst gequält, sie werde verbrannt, war mittags auf dem Closet, einige Minuten nachher Colaps; Pat. wird pulslos, stirbt am 20. VI. 92 an Herzlähmung. Hirnbefund: Sklerose des Schädeldaches, geringgradige chronische Leptomeningitis.

52) Anna Maria K., 42 J., v., A.: 7. VII. 96. Über Heredität nichts zu eruieren. Pat. erkrankte im vorletzten Wochenbett (86) angeblich an Pneumonie,

an die sich ein Delirium anschloss, das in apathische Melancholie überging; war deshalb 3 bis 4 Monate in Anstaltsbehandlung; erkrankte abermals im Jahre 91. Als Grund wird der Tod des jüngsten Kindes angegeben. Die Krankheit dauerte mehrere Monate. Seit dieser Zeit will der Gatte mitunter Spuren von geistiger Störung an der Pat. bemerkt haben. Ihre jetzige Erkrankung wird auf den 30. Juli 96 zurückdatiert. (Im Anschluss an grosse körperliche Überanstrengung.) Pat. litt zuerst an Schlaflosigkeit, zeigte dann Spuren von Melancholie. — Pat. ist recht ängstlich, gehemmt, ganz apathisch, will dazwischen reden, bewegt die Lippen, bringt da und dort einen Laut heraus, hört Stimmen der Ihrigen, steht nachts öfters auf, lässt sich selten einige Worte abzwingen, will sich immer aussprechen, kommt aber nicht dazu, dazwischen ist sie freier, plaudert dann, unterhält sich. Mitte September äussert sie, sie sei so schlecht, sie habe die Ihrigen ins Unglück gebracht, sie sei so furchtsam, fürchte auch den Arzt ins Unglück gebracht zu haben. Wird Mitte Oktober besser, spricht sich über ihre Krankheit aus, sie habe immer so ein Geräusch gehört, aus dem Schreien von Pat. habe sie Dinge gehört, die sich auf sie bezogen hätten. Wird am 20. XI. 96 entl.

53) Maria D., 44 J., v., A.: 10. III. 93. Onkel väterlicherseits geistesschwach, ebenso eine Schwester der Kranken. Pat. hatte das letzte Wochenbett vor ca. 1 Jahr, nachher (Sommer 92) klagte sie, es sei ihr etwas zurückgeblieben, sie sei so traurig geworden, schwermütig, habe viel geweint, menses seien unregelmässig geworden, starke Blutverluste. Sie könne nicht mehr arbeiten. Schlaf und Appetit wurden schlecht. Lag fast immer zu Bette, seit 14 Tagen unstät und ruhelos, geht Tag und Nacht viel im Zimmer herum, „phantasiert", sie müsse ihre Sünden bekennen, Gott habe sie verlassen, betete und betete. Ass in letzter Zeit fast nichts. Vom Arzt wurde ein Retroflexio uteri konstatiert. — Pat. wimmert und winselt, sie antwortet kaum auf Fragen, Gesichtsausdruck ängstlich. Sie ist ganz gehemmt, starrt ins Leere, dazwischen drängend, äussert zuweilen, ich will heim, jammert und winselt ab und zu, besonders wegen ihrer Kinder, halluciniert, hört ihre Kinder jammern. Mitte 93 oft recht laut und störend durch ihr Jammern. Ende 93 und Anfang 94 wieder ruhiger, still und apathisch, auf Befragen gesteht sie, dass sie die Stimmen ihrer Kinder noch höre, beschäftigt sich mit Handarbeit. Schlaf und Appetit gut. Wird am 3. III. 94 entl.

54) Maria G., 45 J., l., A.: 21. XII. 90. Bruder starb durch Suicid im Januar 90. Pat. wurde dadurch sehr exaltiert, litt an Schlaflosigkeit, trank übermässig Alkohol, was sie sonst nie gethan. Dies dauerte einen Monat, dann sei es wieder gut gewesen. Pat. selbst behauptete nachträglich, es sei doch „nicht ganz gut" gewesen; vor 8 Tagen klagte sie über Frost und Kälte, war auffallend ruhig, zurückgezogen und ängstlich, klagt, ihr Zustand sei unverbesserlich, lief aus dem Hause fort, zu Hause nahm sie ein langes Messer zu sich, versteckte es im Ärmel und wollte damit zu Bette. — Pat. ist still, etwas unstät, recht wortkarg, bringt ihr Leiden in Zusammenhang mit dem Klimakterium; (zur Zeit menses ziemlich stark). Sie liegt gewöhnlich still und ängstlich zu Bette, spricht kaum ein Wort. Wird anfangs Januar 91 etwas besser, klagt aber immer mehr über Präcordialdruck, hat noch keine Zuversicht, keine Freudigkeit. Ist abwechselnd bald schlimmer bald besser, anfangs Mai wird sie frischer, zuversichtlicher, fröhlich. Wird am 19. VI. 91 entl. Am 1. VII. 91 kommt Pat. freiwillig wieder. Sie habe nie gut geschlafen, Angstgefühle gehabt, in der Anstalt bessert sich ihr Zustand rasch wieder. Am 10. VIII. 91 geht sie einige Wochen in die fränkische Schweiz. Bald nachher wieder Schlaflosigkeit, gedrückte, mutlose Stimmung, entschliesst sich nach längerem Zweifeln, wieder in die Anstalt zu gehen. — Pat. ist gedrückt, einsilbig, wird anfangs Oktober wieder heiter, munter und zufrieden. Wird Ende Dezember stiller, klagt, dass es ihr so eng und bang, ist recht deprimiert. Anfangs Januar menses. Pat. äussert zur Wärterin, es stehe ihr etwas Schreckliches bevor. Wird Ende März wieder gut. Wird am 5. IV. 92 entl. Wiederaufnahme 23. VII. 92. Pat. ist gedrückt, sieht trüb in die Zukunft, ist unentschlossen, betet viel. Wird Ende August etwas besser. Seit Anfang

Novombor etwas deprimiert. Wird anfangs 93 etwas besser. Ende März 93 wieder recht in der Melancholie, voll Sorgen über Kleinigkeiten, fürchtet noch kränker zu werden, weint da und dort heftig, wird Mitte Mai besser, doch ist die Stimmung in der letzten Zeit weniger gut, Pat. ist moros, unzufrieden. Wird auf Drängen am 28. X. 93 entl.

55) Anna Margarethe Sch., 46 J., v., A.: 31. X. 94. Erste Aufnahme 10. III. 80 bis 6. VIII. 80; geh. entl. (Melancholie). Mutter † durch Suicid. Pat. sei seit ihrer Entlassung nicht ganz normal gewesen, war immer ängstlich, meint, es reiche nicht, sie komme ins Armenhaus. War an manchen Tagen besser, dann wieder ängstlicher. Vor 18 Wochen Entbindung, stillte das Kind 6 Wochen. Seit 2 Monaten Zunahme des Jammerns, machte Suicidversuch. — Pat. sitzt apathisch herum, ist ängstlich, äussert, es koste zu viel, es reiche nicht; sie möchte heim, es fehle ihr nichts; ist fortgesetzt still und wortkarg. Nach Besuch von ihrem Manne (Mitte 95) recht drängend, sie müsse nun heim. Ist bis zum Ende des Aufenthaltes immer ängstlich gehemmt. Wird am 18. X. 95 entl.

56) Pauline S., 47 J., v., A.: 5. VII. 92. Von Heredität nichts bekannt. Pat. erkrankte Ende Januar an Influenza, hatte 8—14 Tage gefiebert, Stimmung seitdem ängstlich gedrückt: sie leistete andern Abbitte, sie möchten ihr verzeihen, klagte über Druck im Leibe, meinte dann, es müsse etwas im After stecken. Äusserte später, sie werde nicht selig, sei eine rechte Sünderin, betete viel. Seit 1 Monat lebensüberdrüssig, betete, Gott solle es doch nicht zulassen, dass sie sich etwas anthue. — Pat. jammert und winselt entsetzlich, das hätte ihr Mann nicht thun sollen, sie daher bringen, sie brauche Ruhe, sei recht angegriffen; ist immer weinerlich: sie müsse weinen, sie könne nicht anders. Sie habe sich in ihrem Leben geplagt, und nun sei sie im Narrenhaus: man könne ihr ja doch nicht helfen, sie werde nicht mehr gesund. Wird Ende Juli abwechselnd bald besser, bald schlechter. In den beiden letzten Tagen heiter und voll Vertrauen, dass sie bald abgeholt werde. Wird am 20. VIII. 92 entl.

57) Margarethe S., 48 J., v., A.: 20. X. 94. Über Heredität nichts angegeben. Pat. ist im Klimakterium, hat 1884 eine Blinddarmentzündung durchgemacht. Bis vor 10 Jahren sei Pat. liebenswürdig, heiter, verträglich gewesen, von da ab zänkisch, streitsüchtig, zumal zur Zeit der menses. Überwarf sich mit allen Bekannten. Im Arbeiten immer mehr ziellos, konnte schliesslich nichts mehr zu Ende führen. Im Januar 94 wurde sie an einer Geschwulst am rechten Schulterblatt operiert. Nach der Operation trat trübe Verstimmung in den Vordergrund. Die Verstimmung nahm zu, sie äusserte Wahnideen, sie hätte sich gegen alle Menschen versündigt, sei vom bösen Geist besessen, sie sei verarmt, sie werde gesteinigt, sie hätte die Männer schon geschen, die den Auftrag dazu hätten, verweigert die Nahrung, weil ihr der böse Geist in der Kehle sitze und deshalb alles bitter schmecke; dann müsse sie wieder Spinnen und Mücken essen; zuweilen heftig und aggressiv. — Pat. ist recht ängstlich, zurückhaltend, klagt Schmerzen in den reg. hypochondr., ist apathisch, träge, wortkarg, voll Sorge wegen ihres Bettes, da dürfe sie sich nicht mehr hinein, äussert öfter: „ich möchte sterben, gebens mir etwas zum sterben"; man solle sie köpfen, jammert: „jetzt habe ich wieder die ganze Nacht geschlafen, ich bin die einzige auf der ganzen Welt, die nachts geschlafen hat"; dann wieder, dass sie alles gegessen habe. Dies sind beinahe die einzigen Reden, über die sie verfügt. Zeigt immer ziemlich dasselbe Verhalten. Wird am 20. VII. 95 entl.

Nachtrag: Pat. soll sich bald nachher erhängt haben.

58) Elisabeth K., 48 J., v., A.: 6. VII. 93. Vater soll an periodischen Aufregungszuständen gelitten haben. Seit 10 Jahren klagt Pat. über Kopfschmerzen und darüber, dass alles durcheinander gehe, konnte aber dabei arbeiten. Vor 5 Wochen begann die jetzige Erkrankung. Sie wurde ängstlich, furchtsam, glaubte, sie werde geköpft, eingesperrt, weil sie falsches Zeugnis abgegeben. Ausserdem besitze sie nichts mehr. Machte Suicidversuche. Periode in letzter Zeit unregelmässig, länger aussetzend. — Pat. ist ängstlich still, giebt korrekte Antworten,

jammert in der ersten Zeit viel, sträubt sich beim Essen. Mitte August wird sie ruhiger, sitzt still da, ist apathisch, gehemmt, weint zuweilen. Bleibt in diesem stuporösen Zustande bis Mitte 94, wird dann erregt, schimpft in den gemeinsten Ausdrücken, ist brutal, hat dabei ganz ruhige Zeiten. (Übergang in sekundären Wahnsinn). Wird am 7. IV. 96 ungeh. entl.

59) Sophie Sch., 48 J., v., A.: 12. X. 96. Angeblich keine Heredität. Pat. ist seit ca. 5 Monaten (Hausverkauf) allmählich zunehmend ängstlicher, erregter. Die Übernahme eines grossen Geschäftes alterierte sie besonders, konnte sich nicht in die neuen Verhältnisse finden, meinte, es gehe alles zu Grunde, sie käme an den Bettelstab, lamentierte Tag und Nacht, wollte nichts essen. Seit ungefähr 1 Monat Selbstmordversuche. — Pat. ist ängstlich, gedrückt, sorgenvoll, weinerlich, meint, sie sei nicht geisteskrank, giebt richtige Auskunft: der Hausverkauf habe sie gleich wieder gereut, meint, sie verarme, die Kinder müssten betteln gehen; giebt an, sie habe alle 8 Wochen menses. Sie sitzt meist apathisch im Lehnsessel, äussert nur, „ich möchte heim zu meinen Kindern, wie's denen geht". Beim Besuche ihrer Kinder ängstlich, zärtlich mit dem jüngsten; immer noch weinerlich, gedrückt, drängt nach Entlassung. Wird am 15. XII. 96 entl.

60) Margarethe R., 48 J., l., A.: 20. IX. 91. Angeblich keine Heredität. Pat. ist schon seit längerer Zeit auffallend still und zurückgezogen. Seit Mai 91 eigentümlicher, misstrauisch gegen ihre Angehörigen. Sie glaubte sich weiterhin von Gott verlassen, fürchtete Strafe für ihre vielen, besonders sexuellen Sünden, glaubte, so verworfen zu sein, dass sie auch die Hand Gottes von den übrigen Hausbewohnern fern halte. Schlaf schlecht. Pat. beruhigte sich wieder etwas. Vor 8 Tagen neuerdings Aufregung gelegentlich des Besuches eines Brandversicherungsbeamten, in dem Pat. einen Verfolger sah, der sie zur Hinrichtung abholen wolle. Sie machte darauf zwei Suicidversuche, wie sie sagte, um der Vierteilung, Zerhackung, Werfen in die Dunggrube zu entgehen. Von sich sprach sie meist in der 3. Person, weil die „Margaret' ihres Namens verlustig gegangen" sei und unter die Tiere gehöre. — Pat. ist voller Angst, winselt und jammert, man solle ihr doch nichts thun, die Zunge nicht herausreissen, die Augen nicht aushacken, „ach, schenken's doch meinem Vater das Leben, wenn ich auch bös gewesen bin". Sie jammert und heult dazwischen ganz entsetzlich, zerfliesst manchmal in Thränen. Wird anfangs 92 etwas besser, sie thue sich nichts mehr, man dürfe ihr ein Messer in die Hand geben, unterhält sich, doch manchmal immer noch zum Weinen geneigt. Gegen Ende ihres Aufenthalts munter und zufrieden, strickt; wenn man mit ihr spricht, macht sich noch eine gewisse Ängstlichkeit geltend. Wird am 15. IV. 92 entl.

61) Jette B., 48 J., l., A.: 25. VII. 91. Ein ärztliches Attest besagt, dass Pat. an Melancholie leide mit ausgesprochenen Wahnideen. Seit einigen Wochen esse Pat. nichts mehr. — Pat. jammert, äussert: „ich bin ein eiserner Kopf", „wir müssen flüchten", „Nase, Mund, alles ist eisern", „ich habe alles versündigt", jammert und winselt viel; spuckt beim Essen alles wieder aus: es gehe nichts herunter; ist voll von Wahnideen. Anfangs Januar menses. Sie ist zuweilen recht störend, jammert viel vor sich hin, „ich kann nicht sterben, ich muss ewig leben", sie ist voll von Tieren, im Hals und überall sind Tiere, auch im Essen sind Tiere. Am 12. II. 92 hysterischer Anfall. Abgesehen von einigen besseren Zeiten zeigt sie sich bis anfangs 96 immer dasselbe Verhalten, produziert immer dieselben Wahnideen. Von Mitte 96 ist sie ziemlich ruhig, nur vorübergehend nachts etwas laut, im übrigen psychisch wenig verändert. Wird am 21. IX. 96 entl.

62) Magdalene B., 48 J., v., A.: 15. VI. 89. Tante mütterlicherseits gestört gewesen, † durch Suicid. Vor 2½ Jahren Cessieren der menses; ½ Jahr später Beginn der psychischen Erkrankung; Pat. äusserte im Mai 87 Furcht vor einem Wochenbett, sie müsse ins Wasser springen, arbeitete nicht mehr, es reiche nicht, sie könne nicht mehr kochen, verliess wiederholt das Haus, verweigerte das Essen, sprach nichts, machte 2 Selbstmordversuche, suchte sich mit der Schere den

prolabierten Uterus abzuschneiden, verlangte dann gleich nach dem Arzt; band sich Stricke um die Extremitäten, forderte Leute auf, sie durch einen Ochsen aus einander reissen zu lassen, bat die Gendarmen, sie möchten ihr den Kopf mit dem Säbel abschneiden. — Pat. ist ängstlich, unstät, äussert nur immer, sie wolle in ihr Dorf zurück; äussert sich sonst nicht, geht alle Augenblicke zum Bett heraus, hört sich offenbar rufen, macht immer ein weinerliches Gesicht, spricht nie ein Wort, ausser dem stereotypen „lassen's mich fort", ist ganz unzugänglich. Bleibt psychisch immer ganz unverändert, ist immer gleich still und ängstlich. Anfangs 92 häufig Nasenbluten, da sie sich viel mit den Fingern in der Nase bohrt. Nicht selten auch uterine Blutungen. Pat. wird sehr schwach. Am 6. April 94 abends plötzlich Angstgefühl, Beklemmung, wird blass, bis der Arzt kommt † an Herzlähmung. Hirnbefund: Dünnes Schädeldach, Hirnatrophie, chronischer Hydrocephalus int. Hirnanaemie, geringgradige Arteriosklerose.

63) Karoline K., 50 J., verw., A.: 27. IX. 95. Vater der Pat. hat durch Selbstmord geendigt, Schwester des Vaters und deren Tochter geisteskrank. Als vor mehreren Jahren das Geschäft aufgegeben wurde, soll Pat. einige Zeit lang melancholisch gewesen sein. Vor 8 Tagen zeigte nun Pat. plötzlich eine Veränderung in ihrem Verhalten. Sie glaubte, sie habe ihr Vermögen vergeudet, das Geld ihrer Kinder schlecht verwaltet, sei schuld an deren Unglück, habe auch gegen andere Unrecht gethan und müsse deswegen büssen. — Pat. zeigt einen weinerlichen, traurigen Gesichtsausdruck, ist stark gehemmt, giebt keine Antwort, stöhnt und jammert, „was habe ich gethan". Sie wird zuweilen erregt, aggressiv, schimpft, ist dann nach einigen Tagen wieder ruhiger, sagt, sie höre ihre Kinder jammern und schreien. Gegen Ende des Jahres und anfangs 96 meist gedrückt, sorgenvoll, voll Selbstanklagen und Angstvorstellungen, drängt nach Entlassung, dazwischen ist sie auch etwas besser. In der letzten Zeit ihres Aufenthalts immer noch ängstlich, voll Sorgen und Kummer, ohne Zuversicht und Hoffnung. Wird am 7. X. 96 entl.

64) Henriette F., 50 J., verw., A.: 8. XI. 93. Tante mütterlicherseits † durch Suicid. Eine Cousine leide an „Tobsuchtsanfällen". Pat. habe nie Widerspruch vertragen können. War infolge von Sorgen oft traurig gestimmt, in sich gekehrt, zurückgezogen. Seit Weihnachten 92 noch mehr verstimmt, damals menses unregelmässig (Klimakterium). Im Mai 93 Herzklopfen, Beängstigungsgefühl, legte sich ins Bett, vernachlässigte den Haushalt. Der „Herzkrampf" habe 10 Tage lang gedauert; dann über den ganzen Körper leichtere Nervenzuckungen. Sie schlug sich mit den Fäusten auf die Brust, litt an Appetitlosigkeit; hatte grosse Furcht, dass etwas Schlimmes komme; nach 4wöchentlicher Landaufenthalt, zuletzt dort erregter. Nach der Rückkunft ruhelos, ging durch alle Zimmer, sie werde nicht mehr gesund, fürchtete, geschlechtskrank zu werden, sie habe den Milzbrand, habe eine Krankheit, wodurch sie Soda ausschwitze, äusserte Suicidgedanken. Vor 3 Wochen menses, profus, irregulär. In letzter Zeit äusserte sie oft, sie sei die Allerschlechteste. Nach Mitteilung der Tochter war Pat. im Jahre 69 vier Wochen melancholisch. — Pat. ist ängstlich, meint, ob sie nicht allein sein könne, es seien zu viel Kranke da, sie könne nicht auf den Nachtstuhl, sie stecke die andern an. Sie müsse Tuberkeln haben, sie habe ihre Kinder angesteckt, sie habe Ausfluss, ächzt und stöhnt leise, ist immer ohne Zuversicht, sie werde immer kränker, man solle ihr doch etwas zum Sterben geben. Klagt, ihr Kopf sei so weich, sie bekomme Gehirnerweichung, ihr sei nicht mehr zu helfen, sie habe die Ihrigen ins Unglück gebracht. Wird anfangs 94 besser, kommt nicht mehr mit ihren hypochondrischen Klagen, taut nach und nach auf, hält sich bis zur Entlassung gut. Wird am 14. II. 94 entl.

65) Rosina Sch., 50 J., verw., A.: 22. VI. 91. Über Heredität nichts angegeben. Pat. kommt aus dem Krankenhaus zu N. Sie sei früher immer gesund gewesen; wurde im März 91 wegen eines Uterus prolaps operirt. Seit 8 Tagen (vor der Aufnahme ins Krankenhaus 26. V. 91) glaubte sie allerlei Sünden begangen zu haben, müsse deshalb büssen, werde geköpft, versuchte sich

zu erhaugen, war verwirrt: wurde deshalb ins Krankenhaus verbracht. Dort sagte sie, sie sei eine grosse „Gottessünderin", sei die schlechteste Person, sie sprach viel, sang nachts, zog sich abends einmal nackt aus, schlug sich auf die Brust, sagte, sie sei die Sünderin Eva, die für die ganze Welt büssen müsse. Jedes könne an ihrer Stirn lesen, was sie für ein schlechtes Mensch sei. Der Teufel habe sie, sie würde nach Sibirien geschickt, wartet auf ihre Abführung. Glaubte sich im Gefängnis, hielt die Ärzte für verkleidete Gerichtspersonen. Auf die Frage, ob sie Kinder habe, antwortete sie, sie seien totgeschlagen. — Pat. ist weinerlich, voll Angst und Unruhe, will nicht zu Bette bleiben, horcht bei jedem Geräusch ängstlich auf. Sie spricht manchmal leise vor sich hin, ist dazwischen heftig, offenbar von Hallueinationen occupiert. Anfangs August liegt sie stumm zu Bett, murmelt höchstens unverständlich vor sich hin, oder sitzt still da, schaut vor sich hin, zuckt auf Ansprache mit den Achseln, redet aber nichts. Mitte September regsamer, fragt, ob sie nicht fortkomme. Wird gegen Ende ihres Aufenthaltes ruhig zufrieden, klar. Wird am 29. II. 92 entl.

66) Marie H., 52 J., v., A.: 24. IX. 91. Grossvater und Grossmutter väterlicherseits nicht normal, Vater potator, mehrere Geschwister gestört. Pat. kommt aus der M.'er Anstalt. Pat. lieh im Dezember 90 ohne Wissen des Mannes einige Hundert Mark aus, ging auch in dieser Sache einen Vertrag ein, den sie nicht hielt. Sie fing nun an, im Mai 91 sich Vorwürfe darüber zu machen, wurde sehr niedergeschlagen, schlief nicht mehr; sie fürchtete, in einen Prozess verwickelt zu werden. Die Polizei komme über sie, die Sozialdemokraten und die Nihilisten würden sie wegen ihres Betragens verfolgen, sie würde mit siedendem Öl übergossen werden; verhängte alle Fenster in ihrer Wohnung; machte 2 Suicidversuche. — Pat. wird während der Untersuchung ängstlich, jammert: „heute lassen Sie mich in Ruh'", „thun's mir nichts", sie komme schon „wohin" wegen ihrer Schwindeleien, jammert dann wieder, sie dürfe nicht in ihrem Bette bleiben, sie komme vor Gericht wegen ihrer Mietsherrn: deren Mutter verlange verschiedenes Geld zurück, ist immer voll Angst und Furcht, spricht immer die Befürchtung aus, sie würde in ein kaltes Bad kommen: macht sich fortgesetzt Selbstvorwürfe wegen ihrer vermeintlichen Übervorteilung, daneben beinahe täglich Klagen über Schmerzen im Leibe, äussert auch immer wieder, sie habe die Ihrigen ins Unglück, an den Bettelstab gebracht. Sie werde von den Tschechen verfolgt, sie sei in den Juden-flintenprozess verwickelt. Pat. zeigt ziemlich dasselbe Verhalten bis April 93, wird da etwas stiller und weniger ängstlich, hat auch einige Krankheitseinsicht, doch immer voll Sorgen; betet viel. Anfangs Februar 94 stickt sie fleissig, erzählt allerlei, weist Mitkranke zurecht, ist zuweilen noch etwas gedrückt. Wird am 4. VI. 94 entl.

67) Elisabeth W., 52 J., v., A.: 4. IV. 94. Über Heredität nichts bekannt. Vor 4 Jahren cessatio mensium. Pat. erkrankte Mitte Dezember 93 an einer schweren Influenza, wurde durch heftige Nasenblutungen sehr stark geschwächt. Seit Februar 94 Symptome geistiger Störung. Klagen über verschiedene körperliche Beschwerden (Windsucht, Vertrocknung der Ohren, Stillstand des Blutes); war ungemein ängstlich und verzweifelt darüber. Die Angstzustände nahmen zu, sie verliess einmal nachts das Haus und wurde in einem Wassergraben liegend auf-gefunden, ass und schlief wenig. — Pat. ist ängstlich erregt, weint, spricht sich nicht aus, will nach Hause. Jammert in der ersten Zeit viel, wird später etwas ruhiger, ist aber immer gleich weinerlich und gedrückt, sie zeigt sich recht gehemmt, man muss jedes Wort aus ihr herausquetschen. Den Grund ihrer Traurigkeit weiss sie nicht anzugeben, sie ist „halt traurig", manchmal allerlei hypochondrische Beschwerden, immer weinerlich: „ich möchte heim", sorgenvoll. Wird am 11. VII. 94 entl.

68) Eva W., 53 J., v., A.: 10. VII. 91. Aus dem ärztlichen Attest ist zu entnehmen: Mutter † in hohem Alter plötzlich, ein Bruder an einem Gehirn-leiden (?); eine Schwester infolge von Apoplexie seit mehreren Jahren gelähmt. Cessatio mensium seit 9 Jahren. Vor etwa 2 Jahren akute Erkrankung, angeblich

Pleuritis. Psychose hat sich vielleicht (!) an angegebene Erkrankung angeschlossen. Pat. fing zu jammern an (wann?), man hätte die Töchter nicht heiraten lassen sollen auf verschuldete Anwesen; sie verlor die Arbeitslust, sass händeringend in der Stube oder lag im Bette, ging nicht mehr aus dem Haus, sie könne nicht mehr beten, Gott habe sie verlassen, wurde misstrauisch, äusserte Suicidgedanken. — Pat. ist ängstlich und weinerlich, sie habe ihre Kinder ins Unglück gebracht, macht sich Sorgen, wie es zu Hause sei. Mitte August sagt sie zum Arzte, es gehe schon besser, klagt andern Kranken gegenüber aber ihr Leid. Anfangs Oktober wieder voll Angst und Sorge, ihre Töchter könnten sich am Ende, durch die Not gedrängt, zu einer unrechten That hinreissen lassen, äussert dann wieder Selbstanklagen; ist bis zu ihrer Entlassung immer voll Sorge, ohne Zuversicht. Wird am 21. VII. 92 entl.

69) Ernestine L., 53 J., verw., A.: 11. I. 95. Mutter hysterisch, 2 Geschwister neurasthenisch. Pat. soll früher schon einmal ohne Grund geglaubt haben, sie sei luetisch inficiert. Ihre Tochter, die an Epilepsie leidet, wurde vor 1 Jahr in eine Anstalt gebracht; darüber machte Pat. sich Selbstvorwürfe; hatte Suicidgedanken. Die Angehörigen wurden dadurch veranlasst, die Tochter zurückzuholen. Darauf sei die Mutter wieder eine Zeit lang normal gewesen. Vor 3 Wochen erneuter Ausbruch. Sie betete, heulte, ging halb angekleidet auf die Strasse, machte Suicidversuche. — Pat. ist klar und ruhig, sagt, sie habe so Angstgefühle gehabt, in den letzten Tagen sei es besser gewesen. Sie ist in der ersten Zeit immer voll Sorgen wegen ihrer Tochter, man sieht ihr die Angst und Unruhe an. Mitte 95 nimmt sie sich sehr zusammen, beherrscht sich, trotzdem merkt man ihr die innere Unruhe an. Gegen Ende des Jahres zeigt sie Krankheitseinsicht, erscheint in letzter Zeit munterer, spricht andern Pat. Mut zu. Wird am 3. V. 96 entl.

70) Karoline J., 54 J., v., A.: 23. XII. 95. Tante in hiesiger Anstalt †. Pat. war immer furchtsam. Vor ca. 3 Jahren stellten sich stärkere Angstanfälle ein, die in einigen Wochen wieder schwanden. Seit ¼ Jahr wieder vermehrte Furcht: liess im Haus alles durchsuchen, sah überall Lichter, Flammen, die sie für Flammen der Hölle ansah, spürte Zucken in den Armen. Sie habe sich vor 30 Jahren vergangen, müsse deshalb alles ausstehen, werde schliesslich geköpft, machte 2 Suicidversuche, sagte, sie könne nicht atmen, müsse die Augen immer offen lassen, könne auch nicht essen. — Pat. fängt gleich mit ihren Sensationen an, sie habe es im Rückgrat, zuerst sei es in den Beinen gewesen, dann herauf auf die Brust gekommen, dann an den Hals wie mit Teufelskrallen. Sie sei eben besessen. Dann klagt sie wieder, sie habe Trichinen, einen Bandwurm; hebt immer Bauchdeckenfalten auf, der Arzt müsse fühlen, wie er nage und beisse; quält einen fortwährend mit ihren Klagen. Ende Mai besser, ist ruhig, zufrieden, spricht nichts mehr vom Bandwurm. Wird am 9. VI. 96 entl.

71) Magdalene K., 54 J., l., A.: 2. VIII. 94. Tante väterlicherseits ist schwermütig. Erkrankung begann zu Pfingsten, wird von der Patientin auf einen zu Neujahr widerfahrenen Schreck zurückgeführt. Seit Pfingsten grosse Unruhe, innere Angst, sie sei verdammt, sie finde im Gebet keine Erhörung mehr, das Leben freue sie nicht mehr, ein Druck in der Herzgegend quäle sie beständig, wollte nichts mehr essen, damit sie verhungere. Menses cessieren seit ½ bis ¾ Jahr. — Pat. ist unleidlich, schimpft, jammert, ist unrein, klagt: „ich hab's in meinem Kopfe, ich bin verhext, geben's mir was, dass ich gesund werde". Wird immer unleidlicher durch ihr Jammern, Winseln und Wehklagen, tagtäglich Klagen über Präcordialdruck. Wird März 95 etwas ruhiger, aber immer noch gedrückt, deutet öfter nach der Herzgegend, da stecke es. Anfang Februar 96 besser. Wird am 13. III. 96 entl.

72) Barbara V., 54 J., v., A.: 11. VI. 94. Onkel väterlicherseits geisteskrank, † durch Suicid. Vor 2 Jahren cessatio mensium. Vor 3 Jahren war sie 6 Wochen lang ähnlich erkrankt, 1893 ¼ Jahr lang dasselbe Leiden. Diesesmal seit 6. X. 93 erkrankt. Pat. klagte über Schlaflosigkeit, Trübsinn, war unzufrieden, machte einige Suicidversuche, sie habe öfter geäussert: „ich bin nichts, ich habe

nichts", sei nachts unruhig gewesen, herumgewandert, habe aber auch zugeschlagen, wenn man sie am Fortlaufen hindern wollte. — Pat. betet den ganzen Tag, hängt sich an den Arzt an wie eine Klette, sucht seine Hand zu küssen, drängt schrecklich in ihrer Angst und Unruhe, hat keine Rast noch Ruhe, jammert: „wenn ich doch zu Hause wäre, es fehlt mir nichts, es kostet zu viel"; ist keinen Augenblick ruhig, eine rechte Plage für die Mitkranken, bietet immer dasselbe Bild. Gegen Ende ihres Aufenthalts relativ etwas besser. Wird am 23. VI. 96 entl.

73) Barbara K., 54 J., verw., A.: 5. I. 92. Ein Bruder seit 7 Jahren geistig gestört. Eine Schwester im Alter von 74 Jahren nach Apoplexie $\frac{1}{2}$ Jahr geistig gestört, † an erneutem apoplektischen Insult. Pat. soll stets gesund gewesen sein, erkrankte im März 91 an Schlaflosigkeit, klagte über Präcordialangst, wurde stetig unruhiger, äusserte Versündigungsideen. Der Zustand verschlimmerte sich immer mehr. Pat. machte mehrere Suicidversuche. — Pat. ist unstät, jammert und winselt, bringt eine Reihe von Versündigungsideen vor, sie komme in die ewige Verdammnis, bittet den Arzt, er solle ihr doch das Leben schenken, klagt, auf der Brust und im Rücken habe es gebrannt wie höllisches Feuer, ist entsetzlich drängend, alles sei verloren. Ende Januar 92 jammert sie, sie höre ihre Kinder, die werden verbrannt, sie habe den Rauch gesehen; läuft ruhelos auf und ab, klagt über Gedanken, die vom Bösen kommen. Anfangs 94 etwas freier, im Mai desselben Jahres wieder unruhiger, läuft wie ein Perpetuum mobile, voll Unruhe und Angst umher. Mitte 95 stellt sich eine ziemliche Besserung ein, sie arbeitet fleissig. Wird am 26. IX. 95 entl.

74) Margarethe A., 55 J., verw., A.: 9. VI. 92. Vater jähzornig, † an Apoplexie. Grosstante väterlicherseits geistesgestört. Pat. war von jeher zur Frömmelei geneigt, während ihrer Verlobung (31 J.) schwermütig, war ca. 1 Jahr krank. Eine Tochter von ihr ist psychisch nicht normal. Die jetzige Erkrankung begann im Dezember 91. Sie nahm sich die Krankheit ihrer Tochter sehr zu Herzen, wurde still und niedergeschlagen, glaubte, sie sei an der Erkrankung derselben schuld, fürchtet, in die Hölle zu kommen. Heute früh (9. VI.) ist der Mann der Pat. ertrunken. Sie nahm dies gelassen hin. — Pat. ächzt, jammert und stöhnt, es sei ihr alles so eng. In den ersten Tagen Zunehmen der Angst, will fort, jammert unaufhörlich, alles sei zu Grunde gegangen, sie habe ihren Mann nicht umgebracht, sie sei keine Mörderin, sagt, es heisse „Hund", „Zuchthaus", scheint unangenehme Dinge zu hören. Alles sei fort, alles Gold und Silber. Sie ist stark von Hallucinationen beherrscht. Masturbiert nachts schamlos. Bietet bis Mitte 96 immer dasselbe Bild, beteuert immer ihre Unschuld an dem Tode ihres Mannes. Ist von da an ruhiger, arbeitet, sondert sich jedoch immer etwas ab, spricht kaum, doch antwortet sie auf Befragen. Wird am 23. X. 96 entl.

75) Barbara K., 55 J., verw., A.: 10. I. 95. Eine Cousine schwermütig. Pat. wurde vor 1 Jahr Witwe. Vor einigen Monaten habe sie einem Witwer hausgehalten. Dieser habe ihr die Ehe versprochen, allein die Sache habe sich wieder verschlagen. Seit 6 Wochen befindet sich Pat. noch in gedrückter Stimmung, las viel in Gebetbüchern, äusserte dann, sie sei verloren und verdammt. Gegen ihre Angehörigen misstrauisch, glaubte, diese wollten sie vergiften, suchte deshalb zu entfliehen. — Pat. ist ängstlich, läuft unstät umher, sagt, die Leute hätten sie im Verdacht, man habe sie für die babylonische Hure gehalten. Sie ist andauernd ängstlich und gedrückt, hört ihre Verwandten schreien, ferner, man soll ihr den Kopf abschlagen. Gegen Ende des Jahres erzählt sie von einer Zigeunerin, die ihrer Mutter wahr gesagt habe, schiebt alles Unheil auf dieselbe; meint später wieder, sie (Pat.) habe die ganze Welt zu Grunde gerichtet, glaubt, sie habe die Hölle gesehen, erzählt allerlei frühere Erlebnisse, bringt sie in Beziehung mit ihrer Krankheit, dann jammert sie wieder wegen ihrer Tochter, ist meistens ganz trostlos. Wird am 1. VII. 96 entl.

76) Antonie S., 55 J., v., A.: 19. IV. 93. Eine Schwester hysterisch. Vor 8 Wochen verspürte Pat. überall Schmerzen, wurde nervös, glaubte Magen- oder Uteruskrebs zu haben, wurde willenlos, egoistisch, jammerte, sie könne niemand

mehr lieb haben. Zuletzt traten Selbstmordideen auf. Der Schlaf wurde immer
schlechter. Die menses cessieren seit 4—5 Jahren. — Pat. jammert, sie habe so
Angst, sie wolle ihr Testament machen, sie fürchte, sie werde noch gefesselt, sie
müsse sterben, werde scheintot begraben, äussert noch andere Angstideen. Klagt
über allerlei vage Schmerzen, hat keine Ruhe, ächzt und stöhnt; jammert dann
wieder, sie komme in eine Zelle, in einen Kasten, wo sie ersticken müsse. Zeigt
immer dasselbe Verhalten, „rastlos, ruhelos, für sich und andere eine unbeschreibliche
Qual, verfolgt den Arzt bei der Visite wie der Schatten". Drängt sehr nach Hause.
Ist einige Zeit vor der Entlassung etwas ruhiger. Die letzten 8 Tage aber wieder
jammernd, winselnd, drängend. Wird am 19. III. 94 entl. Erlangte später ihre
volle Gesundheit wieder.

77) Margarethe W., 55 J., l., A.: 2. IV. 91. Angeblich keine Heredität.
Pat. meinte seit mehreren Wochen, die Umgebung sei verändert, die Leute seien
Hexen, sprach davon, dass alle Farben falsch seien, es gebe kein Grün, kein Gelb,
kein Schwarz mehr. — Pat. jammert und winselt so, dass nichts aus ihr herauszubringen ist, „soll denn das mein Mütterlein sein" (deutet auf eine Mitkranke).
„ich weiss ja nichts, ich bin ganz weg", faltet die Hände, „oh, das kann nicht
sein, dass ich etwas verschuldet", „so Angst, so Angst". Ist immer unstät, will
nicht liegen bleiben; meint häufig in ihrer Angst, man soll sie doch noch ein
wenig da lassen, sträubt sich entsetzlich gegen das Essen, es gehe nichts durch,
sie sei ganz voll, ein andermal sagt sie, sie dürfe nicht essen, weil sie nicht mehr
beten könne, schreit und brüllt zuweilen, dass man sie weit hört. Pat. bietet
psychisch während ihres Aufenthaltes immer so ziemlich das gleiche Bild. Körperlich
wird sie immer schwächer, in den ersten Tagen des September 93 Oedem der oberen
Extremitäten. † am 3. IX. 93 an Herzlähmung. Hirnbefund: compactes Schädeldach,
Oedem und Verdickung der weichen Häute, Hirnatrophie, Hirnanaemie, chronischer
Hydrocephalus int.

78) Anna M., 56 J., verw., A.: 23. V. 87. Keine Heredität. Pat. soll
häufig über Kopfschmerzen geklagt haben. Soll früher oft wunderlich, eigensinnig
und abergläubisch gewesen sein. Seit August 86 soll sie krank sein. Sie wurde
übertrieben ängstlich, glaubte, es geschehe den Kindern etwas. Sah Figuren, betete
viel, wollte durch Beten andere erlösen. — Pat. will gleich wieder fort, zu Hause
sei alles krank, ihr Haus und das ganze Dorf seien abgebrannt, weiss immer wieder
ein neues Unglück, das passiert ist. Diese Klagen kehren täglich wieder. Später
erzählt sie, sie sei von zwei schneeweissen Krebsen ganz ausgefressen, sie sei nur
noch ein „Krüppelchen", dazwischen jammert, heult und winselt sie, steht drängend
an der Thüre, schimpft nicht selten gegen die Fenster, oder in eine Ecke, geht
aber mit ihren Hallucinationen nicht heraus. Wird am 4. I. 95 entl.

79) Katharina L., 56 J., verw., A.: 3. X. 94. Ärztliches Attest besagt
nur, dass Schwester schon geisteskrank war, Pat. seit einigen Wochen an Melancholia agitata leide, Wahnideen, Aufregungszustände, Selbstmordideen habe. —
Pat. ist ängstlich, äussert, es habe ihr öfter in den Füssen gezuckt, im Leib habe
es gekracht, jammert, wie es nun im Geschäft werde, sie könne nicht mehr leben,
spricht von kommendem Unglück. Ist immer recht sorgenvoll, gedrückt, weint,
scheint auch zu halluciniren. Es habe geheissen, sie müsse in den Keller, sie werde
eingesperrt. Dazwischen kommen wieder Klagen über neuralgische Beschwerden.
Anfangs 95 las sie aus der Zeitung, dass ihr Neffe sich selbst entleibt habe, war
ganz trostlos darüber, weinte und jammerte, war nicht zu beruhigen. Wird bis
Juni 95 etwas besser, aber immer noch recht sorgenvoll und freudlos, klagt immer
dazwischen über rheumatische Beschwerden. Wird am 19. VI. 95 entl.

80) Dorothea G., 56 J., v., A.: 26. VIII. 91. Bruder erhängte sich. Bei
der letzten Geburt (70) psychopathisch. Cessatio mensium im 45. Jahr. Im
Dezember v. Js. Phlegmone am linken Handgelenk, das nach der Heilung steif
blieb. Machte sich erst nichts daraus, erst vor einigen Wochen wurde sie gedrückter, hatte schlaflose Nächte, verlangte, operiert zu werden. Kam deshalb in
die Klinik nach W.; wurde dort sehr erregt, verlangte und verweigerte abwechselnd

die Operation, suchte im halbangekleideten Zustand zu entfliehen, wurde dann
ängstlicher, erregter, sprach viel von der steifen Hand, sprang oft zum Bette
heraus, fürchtete, vergiftet zu werden, jammerte, betete, schlug rücksichtslos auf
sich ein. — Pat. ist z. Zt. nur wenig erregt, erzählt mit weinerlicher Stimme,
dass sie durch die Steifheit ihrer Hand ins Unglück gekommen, fragt, ob ihr denn
geholfen werden könne, giebt korrekte Antworten, wird dann zunehmend ängstlicher,
will bald hier bleiben, bald fort gehen, will nach Hause schreiben, klagt, sie sei
unglücklich, könne nicht mehr arbeiten, bringt dies alles im Jammertone und ewiger
Wiederholung vor; lässt sich das Essen aufnötigen, erbricht sich häufig: an manchen
Tagen entsetzlich durch ihr Jammern und Winseln, klagt, es gehe zu Ende, äussert
spezielle Wahnideen nicht, sie habe nur grosse Angst, ist ganz impulsiv, will heim
zu ihren „guten Kinderle", muss gefüttert werden, presst das meiste wieder heraus,
wird immer schwächer, † marantisch am 3. V. 92. Hirnbefund: Verwachsung des
Schädeldachs mit der Dura, Verdickung des Schädeldachs, chron. Hydrocephalus
ext. und int., geringgradige chron. Leptomeningitis, starkes Oedem der weichen
Häute, Hirnatrophie.

81) Marie B., 58 J., verw., A.: 10. XI. 94. Über Heredität nichts angegeben.
Pat. kommt aus dem N.'er Krankenhaus, hat in letzter Zeit schlecht geschlafen,
jammerte, weinte, sie sei an allem schuld, sie habe die Ihrigen ins Unglück gebracht.
sie sei die Allerschlechteste, könne nicht sterben, traute sich manchmal nicht aufs
Closet, sie dürfe nicht; auf dem Wege hieher äusserte sie, sie komme ins Zuchthaus. — Pat. ist ängstlich still, man muss ihr die Worte abringen, sie habe so
Druckgefühl auf der Brust, ist voll Sorge und Angst, glaubt, es stehe ihr Schreckliches bevor: sie sei eine rechte Sünderin, ist in ihren Bewegungen träge, gehemmt,
bietet das Bild tiefsten Seelenschmerzes, äussert, sie dürfe keinem Menschen mehr
ins Gesicht schauen: wird immer unstäter, jammert und winselt dazwischen, stösst
aphoristische Äusserungen wie „Schandthaten" aus, ist voll von Selbstanklagen,
äussert sich aber nicht weiter; meint später einmal, sie habe ihren Mann schlecht
gepflegt, sie habe ihn umgebracht. wird ganz unzugänglich. Körperlich wird sie
immer schwächer, † am 25. III. 95 unter Zunehmen der Schwäche. Hirnbefund:
Oedem der weichen Häute, Hirnanaemie.

82) Marie B., 60 J., verw., A.: 18. X. 88. Tante mütterlicherseits im
Wochenbett geistesgestört. Pat. giebt selbst an, mit 18 Jahren zum erstenmal
gestört gewesen zu sein. In der Ehe sei sie wiederholt psychisch deprimiert
gewesen. Beginn der jetzigen Erkrankung nicht zu eruieren. Anfangs leichte
Depression, sie machte sich allerlei Vorwürfe, schlief schlecht. In der letzten
Woche Steigerung der Symptome. Sie wurde äusserst empfindlich gegen jede
Änderung in ihrer Umgebung, äusserte Snicidideen, es müsse immer jemand
dableiben. sonst passiere ein Unglück; brachte Selbstanklagen vor, glaubte auch,
die Umgebung mit ins Unglück gezogen zu haben. — Pat. ist sehr ängstlich,
antwortet auf alle Fragen, sagt, sie sei eine grosse Sünderin, sie habe so schlimme
Gedanken, ihr Gewissen lasse ihr keine Ruhe, sie könne nicht mehr beten, der
Teufel habe sie, sie sei verdammt, sie sei die Allergefährlichste, „nehmen's sich
nur in acht vor mir, ich muss jemand umbringen", „ach, wenn ich nur die
Gedanken los brächte". klagt über Bangigkeit in der Brust, zupft in ihrer Angst
und Unruhe an der Bettdecke herum, ächzt und stöhnt zuweilen, klagt einmal,
es rieche so nach Kohlenrauch und Pech, legt alles, was man zu ihr sagt, als
Spott aus, klagt sich dann wieder selbst an wegen ihrer schlechten Gedanken,
ihrer bösen, geschlechtlichen Triebe: sie dürfe nichts essen, sie könne nicht schlucken,
klagt über Verstopfung, alles sei vertrocknet, im Leib sei alles so voll, alles verbrannt: wird verwirrt: sagt, „ich bin ja gar nicht die Frau B., ich habe ja gar
keinen Leib, ich bin gar nix" u. s. w., produziert diese Nichtigkeitsideen vor allem
in der letzten Zeit ihres Aufenthalts, äussert auch Verarmungsideen. Im Juli 92
wird sie in einen andern Saal verlegt, äussert dann, da hinten holt mich der
Teufel so wenig wie vorne, spricht in letzter Zeit immer vom „Teufel holen" und vom
„Verrecken". — Pat. † an zunehmender Schwäche am 23. XI. 92. Hirnbefund:

dünnes Schädeldach, geringgradige chronische Pachymeningitis, chronische Leptomeningitis.

83) Friederike Sch., 61 J., v., A.: 6. IX. 94. Bruder war ein unruhiger Kopf, † geisteskrank in Amerika. Pat. fiel vor ca. 30 Jahren beim Tanzen auf den Kopf. Pat. klagte vor ca. 8 Wochen über Schlaflosigkeit, innere Unruhe und Herzklopfen, wurde deshalb aufs Land verbracht. Dort wurde sie stiller, sprach schliesslich gar nichts mehr; verweigerte einige Tage jede Nahrung. Eines Nachts trat sie plötzlich an das Bett ihres Mannes, sagte, sie müsse ihn verlassen. Nach N. zurückgebracht, sagte sie, sie habe überhaupt dort nichts mehr zu suchen. Ihr Haus sei ganz leer, alles sei verkauft. Wurde dann ins Krankenhaus verbracht. Dort war sie ebenfalls fortgesetzt ängstlich und unruhig, drängte fort. — Pat. ist in stuporöser Verfassung, stiert ängstlich vor sich hin, macht Schwierigkeiten mit dem Essen, drängt impulsiv fort, wandelt nachts oft sinnlos herum, kolossal von Angst und Unruhe gequält. Die Gesichtszüge sind immer ängstlich, suchend. Anfangs 95 äussert sie einmal beim Essen, es sei Menschenfleisch; sie sei nicht die Frau Sch., die Kleider gehörten ihr nicht, spricht sonst nie. Nach dem Besuch ihres Mannes sagt sie, das sei ihr Mann nicht gewesen, zeigt immer dasselbe Verhalten. Wird am 30. III. 95 entl. Später nach nochmaligem Aufenthalt in der Anstalt andauernd erheblich besser.

84) Margarethe F., 62 J., v., A.: 7. VII. 92. Keine Heredität. Pat. hat stets einen gewissen Hang zum Grübeln gezeigt. Seit ca. 1 Jahr nicht mehr normal. Pat. betete öfter, arbeitete nicht mehr recht; im April wurde sie unruhig, sprach fast nur mehr für sich, machte sich Vorwürfe, sie hätte den Armen nicht genug gegeben, jammerte, sie sei verloren, verdammt, ass nur noch sehr wenig, machte einen Suicidversuch. — Pat. ist nicht ganz orientiert, spricht wenig, klagt, sie habe Angst, sie sei verloren, jammert an manchen Tagen in einem fort; dann wieder stiller, schaut sich recht ängstlich um, offenbar ganz von Angstgefühlen beherrscht, sträubt sich gegen das Essen. An unruhigern Tagen jammert sie und ringt die Hände, „ach Gott, ach Gott, ich bin an allem schuld, ich habe mich schwer versündigt, um Gotteswillen, es ist alles umsonst, wenn mich der Heiland nur in Gnaden annähme"; jammert in ihrer unsäglichen Angst in erbarmenerregender Weise, verweigert hartnäckig die Nahrung. Am 30. X. 92 plötzlich Collaps mit darauf folgendem exit. let. Hirnbefund: geringe Verdickung und Oedem der weichen Häute, Hirnatrophie und Anaemie, geringer chron. Hydrocephalus ext. und int., Sklerose der Basilararterien.

85) Charlotte S., 62 J., verw., A.: 14. II. 96. Keine Heredität. Pat. war nach dem ersten Wochenbett melancholisch. Seit 7 Jahren Witwe. Vor 4 Wochen nach einem Schwindelanfall erkrankt. Sie wurde deprimiert, klagte, sie habe alles falsch gemacht, habe schlecht Haus gehalten, sei eine schlechte, böse Person, könne nicht mehr leben, machte Suicidversuche. — Pat. teilt selbst mit, dass sie mit 26 Jahren 1 Jahr lang gemütsleidend gewesen sei, dann das zweitemal mit 38 Jahren nach dem zweiten Wochenbett wieder 1 Jahr lang. Vor 6 Wochen habe sie die Schwindelanfälle bekommen, es seien ihr dann schwere Gedanken gekommen, als ob sie alles verkehrt gemacht hätte, Geldsachen hätten sie bekümmert, sie habe „grässliche Gedanken" gehabt, sie könne es nicht durchmachen; am Ende sei ihr Vorfall (Uterussenkung) schuld, klagt über Müdigkeit und Magenbeschwerden, ist sonst still, gedrückt, weinerlich, ohne Zuversicht, sie habe halt ihre Sorgen; erkrankt Ende April plötzlich an Panophthalmie des rechten Auges. Der Verlust desselben ist ihr recht gleichgiltig. Pat. bekommt darauf Pneumonie mit eitriger Pleuritis. † am 12. V. 96. Hirnbefund: geringes Oedem der weichen Häute, Arteriosclerose.

86) Karoline A., 63 J., verw., A.: 1. VII. 93. Eltern der Mutter, Geschwisterkinder, Mutter epileptisch, Vater potator. Eine Schwester der Mutter und deren beide Söhne haben sich ertränkt. Pat. litt als Kind an Bettnässen. Nachdem sie Witwe geworden, wurde sie Haushälterin, trank durchschnittlich 4—5 Glas Bier täglich. Seit Mai 93 missgestimmt, äusserte öfter, sie wäre nicht

mehr recht gescheit, sie komme noch in die Irrenanstalt, sie habe nicht mehr genug Geld, müsse verhungern. Glaubte, von der Magd bestohlen zu sein, was aber nicht der Fall war. Sie glaubte nun, wegen der Verleumdung der Magd verurteilt zu werden, wurde furchtbar ängstlich, fürchtete die härtesten Strafen. Wenn sie Schritte hörte, glaubte sie, es seien Gendarmen; äusserte, sie sei eine grosse Verbrecherin, die Angstzustände steigerten sich. Pat. kam deshalb ins Krankenhaus. Dort produzierte sie dieselben Verfolgungsideen, sie werde gesteinigt, ass nur auf Zuspruch. In den letzten Tagen verwirrter und unruhiger, glaubte, alle Zeitungen und Gerichte würden Beschuldigungen gegen sie vorbringen. — Pat. ist ängstlich, jammert, klagt, sie könne den Gedanken nicht losbringen, dass ihr Mädchen sie bestohlen. Als sie ein Geräusch hört, meint sie, die Gendarmen kämen, jammert, dass sie so viel reden müsse, beschuldigt sich selbst, meint, die andern machen Anspielungen auf sie, wird immer ängstlicher, drängt an die Thüre, sagt: „ach, ich habe ja kein Geld", verweigert das Essen, nimmt sehr ab, muss gefüttert werden. Pat., die an Tuberkulose leidet, wird immer schwächer, † am 21. III. 93. Hirnbefund: Verdickung des Schädeldachs, Hirnanaemie, geringgradige Arteriosclerose.

87) Elisabeth L., 64 J., v., A.: 20. VIII. 95. Angeblich keine Heredität. Eine Tochter liegt schwer lungenkrank darnieder. Pat. soll schon längere Zeit verändert sein, habe wenig geschlafen, sich nicht mehr um den Haushalt bekümmert: seit etwa 14 Tagen behauptet sie, sie sei an dem Leiden ihrer Tochter schuld; sie finde keine Ruhe mehr, klagte auch, sie komme mit dem Geld nicht mehr aus; später äusserte sie, Gott habe sie verlassen, verstossen u. s. w. — Pat. ist mangelhaft orientiert, wenig klar, ist in einer ängstlichen Gemütsstimmung, still, wenig geneigt, sich auszusprechen, in sich gekehrt, sagt nur, sie fürchte, die Gnade verloren zu haben, und darüber sei sie so betrübt; verweigert die Nahrung, es gehe nichts herunter: muss gefüttert werden, erbricht aber grösstenteils die eingeführte Nahrung wieder, verfällt deswegen sehr rasch. † am 25. IX. 95 an Herzlähmung. Hirnbefund: Oedem der weichen Häute, Hirnatrophie.

88) Christine E., 64 J., verw., A.: 17. II. 93. War schon dreimal in der Anstalt (71, 75, 90, Melancholie), immer ca. 2—3 Monate. Mehrere Familienglieder sollen gestört sein. Am 2. II. 93 regte sich Pat. auf, weil einer ihrer Mieter ihr kündigte. Sie wurde immer erregter une verkehrter, sprach in einem fort, betete viel, lief fortwährend umher, zeigte grosse Angst. — Pat. geht ängstlich und unstät auf und ab, man sieht ihr die Angst an, sie hört Jammerrufe der Ihrigen, jammert und schreit dann oft recht laut. Wird anfangs April klar und ruhig, bleibt gut bis zu ihrer Entlassung. Wird am 4. V. 93 entl. Wiederaufnahme 30. X. 96. Pat. soll im Anschluss an einen geplanten Hausverkauf vor 3 Wochen ängstlicher geworden sein, sie komme nicht mehr aus, riet ihrem Sohn, erst sie und dann sich zu erschiessen. — Pat. ist ängstlich, jammernd, hilfesuchend, schaut einen an, als ob sie fürchte, man thue ihr etwas, ist nicht recht klar, etwas benommen. Wird nach einiger Zeit besser, meint, es sei ihr manchmal im Kopf noch so eigen. Wird auf Drängen der Angehörigen am 30. XII. 96 entl.

89) Marie Sch., 64 J., verw., A.: 13. VII. 92. Tante mütterlicherseits nicht normal gewesen. Pat. galt von jeher für schwach im Kopf, war gutmütig, unbeholfen. Vor ca. 1 Jahre die ersten Symptome aufgetreten, als ihre Tochter heiratete und von ihr wegging. Pat. wurde gedrückter, glaubte, sie könne die Aussteuer nicht bezahlen, klagte, sie könne nicht mehr denken, sie sei verdammt, wurde immer unruhiger und ängstlicher; im Winter vorübergehende Besserung, im Mai 92 plötzlich bedeutende Verschlimmerung. Seither ist Pat. sehr unruhig, ängstlich, jammert viel, fürchtet, umgebracht zu werden, hatte Gesichts- und Gehörshallucinationen (hörte Feuerlärm, sah Gespenster). — Pat. ist sehr unruhig, läuft hin und her, drängt fort, ist sehr ängstlich, fragt, ob man sie umbringe, ringt die Hände, jammert meist leise vor sich hin, ist wenig geneigt, sich in ein Gespräch einzulassen. Sie ist fortgesetzt ängstlich, auf Befragen sagt sie, sie habe

sich verständigt. Pat. bietet unverändert immer dasselbe Bild, sitzt immer voll Angst und Furcht da. jammert und winselt, macht sich Sorgen, wie das nun werde, glaubt auch, man spotte sie aus, bezieht Äusserungen von Mitkranken auf sich: im übrigen still und wortkarg. Wird am 29. III. 93 entl.

90) Marie H., 66 J., verw., A.: 11. XI. 91. Keine Heredität. Am 14. VIII. 91 Tod des Mannes. Pat. war erschüttert, weinte viel. Anfangs Oktober habe nach Angabe der Angehörigen die Erkrankung begonnen. Pat.· äusserte, sie sei schuld, dass ihr Mann nicht in den Himmel gekommen, sie habe zu wenig gebetet. Sie müsse in die Hölle, weil sie ihren Mann hineingebracht, war immer sehr unruhig, schlug sich mit den Fäusten vor die Brust, lief umher, klagte über Schmerzen und Angst in der Herzgegend, äusserte Suicidgedanken, verweigerte die Nahrung, da sie nicht wert sei, dass sie mehr esse. — Pat. läuft winselnd und jammernd auf und ab, sie hätte das nicht thun sollen, sie hätte ihren Mann um die Seligkeit gebracht, sie hätte ihm sagen sollen, dass er nicht mehr aufkomme; man solle sie hinauslassen ganz allein, sie müsse sich ordentlich ausschreien, dann werde es besser: sie sehe immer ihren Mann vor sich: sie habe so Angst u. s. w. Ende des Jahres sagt sie einmal, sie habe nachts eine Stimme gehört, die habe gerufen: „o weh, o weh!" Wird anfangs des Jahres 92 etwas ruhiger, dazwischen aber immer wieder ängstlich und jammernd. Wird am 1. IV. 92 entl.

91) Babette A., 66 J., verw., A.: 12. VI. 91. Über Heredität nichts bekannt. Pat. machte vor 14 Tagen einen Suicidversuch, äusserte, sie werde hingerichtet, sie sei eine grosse Verbrecherin, hörte die Polizei, die sie abführen wollte. — Pat. weiss ihr Alter nicht anzugeben, glaubt, sie werde verhandelt: befragt, wie sie auf diese Idee komme. meint sie, die Gedanken kommen ihr eben so. Zuweilen sehr ängstlich und unstät, sucht einmal nach einem Taschentuch. sie wolle sich erdrosseln. bittelt und bettelt, man solle doch gut mit ihr umgehen, nicht zu scharf. Sie habe Verbrechen und Sünden begangen, äussert dann wieder: „ach, ich habe so Angst". fürchtet die schlimmsten Dinge für sich und ihre Kinder, spricht vom Teufel, der sie holen wolle, dann wieder: „lassen's mich heim, helfen's mir doch". Pat. ist zuweilen auch sehr reizbar und heftig, bringt immer dieselben Jammerphrasen vor. Klagt dazwischen auch über Schwindel, Kopfweh. Leibschmerzen, oft recht missmutig. Gegen Ende ihres Aufenthaltes etwas besser geworden. In erheblich besserer Verfassung am 16. III. 94 entlassen. Nunmehr ganz geheilt.

92) Anna H., 66 J., v., A.: 25. II. 91. Über Heredität nichts angegeben. Anamnestische Notizen besagen nur, dass Pat. seit längerer Zeit an „Melancholie mit Wahnvorstellungen" leide. — Pat. ist ruhig ängstlich, sagt, sie sei seit ³/₄ Jahren krank, sie müsse so schreien, der Magen sei so voll, ist abwechselnd ganz ruhig, dann wieder erregt, heult „ich will heim". Über den Grund ihres Heulens nichts herauszubringen; sonst teilnahmslos. Wird Mitte April 91 etwas ruhiger und frischer. Äussert, wegen ihres Schreiens befragt, sie hätte es eben thun müssen. Wird am 18. V. 91 auf Drängen der Angehörigen entl.

Wiederaufnahme 29. VII. 91. Nach ihrer Entlassung war sie einige Tage in guter Verfassung, wurde aber dann wieder erregt, schrie, jammerte, sie müsse wieder weg. Pat. selbst erzählt, dass sie sich erst ganz frei gefühlt habe, dann habe sich wieder die innere Unruhe eingestellt. Sie hätte den unbestimmten Trieb gehabt, von Hause wieder fort zu laufen, weil sie auch dort keine Ruhe und Frieden gefunden hätte. — Pat. ist immer gedrückt und einsilbig, spricht sich nicht aus, sagt nur, es könne nicht mehr gut gehen, klagt später abwechselnd über Ohrensausen, Reissen, Appetitlosigkeit, Magendrücken. Sitzt immer so herum, ist mut- und energielos, immer voll von hypochondrischen Klagen. Wird am 31. I. 93 entl.

93) Friederike B., 70 J., l., A.: 12. VI. 94. 1. Aufnahme 10. XI. 86 bis 18. VI. 87 (Melancholie) geb. entl. Pat. sei gut gewesen nach ihrer Entlassung, doch immer ängstlich. Im letzten Winter neue Erkrankung. Sie wurde ängstlich,

unstät, sorgenvoll, es reiche nicht, dann, sie sei von Gott verlassen, habe nichts mehr, habe die Ihrigen ins Unglück gebracht; wollte keine grauen Kleider mehr anziehen, brachte diese mit dem Teufel in Beziehung: es sei schrecklich, sie falle der Armenkasse anheim; hatte Selbstmordideen. — Pat. ist immer ängstlich, sorgenvoll, fragt, wie es ihrer Nichte gehe, die sei leidend; jammert und klagt fortwährend, möchte immer heim, da würde es nicht so viel kosten, macht immer die „reinste Leichenbittermiene". Weiterhin entschieden besser. Wird am 20. XII. 95 entl.

94) Eva H., 70 J., v., A.: 21. V. 92. Über Heredität nichts zu erfahren. Im 62. Jahr bekam Pat. einen Aufregungszustand, der 14 Tage lang anhielt. Seit dieser Zeit nicht mehr ganz normal, meist traurig, hatte immer viel Kopfschmerzen. Zu Beginn des Monats verschlimmerte sich der Zustand rasch, Pat. klagte mehr, wurde unruhig, nach einigen Tagen beständig sehr laut, jammerte über ihre Sünden, ihr könne nicht mehr vergeben werden, sie sei dem Teufel verfallen, müsse verbrannt werden, zerschlägt sich mit den Fäusten den Kopf. — Pat. ist aufgeregt, desorientiert, jammert, sie sei eine grosse Sünderin u. s. w. Ist an manchen Tagen ruhig, an anderen voll Angst und Unruhe: jammert dann und heult, will nicht in ihr Bett, sagt: „ich bin's nicht wert, das ist zu schön für mich", schreit und blöckt oft, sträubt sich gegen das Essen, will sich selbst beschädigen. Vor lauter psychischem Schmerz und Weh nichts mit ihr zu reden. Beschimpft sich auch einmal „ich Sau, ich Sau". Dazwischen ist sie wieder ruhig, apathisch. Am 4. I. 93 bekommt sie mehrere Schwächeanfälle, am 10. I. plötzlich † an Herzparalyse. Hirnbefund: sehr dickes Schädeldach, beträchtliche und ausgedehnte Verwachsung der Dura mit dem Schädeldach, geringes Oedem der weichen Häute, geringe Sclerose der Basilararterien.

Zunächst einige statistische Bemerkungen.

Vorliegende 94 Fälle wurden aus einem Krankenmaterial von im ganzen 637 Patienten excerpiert, stellen also einen Prozentsatz von 14,76 % dar.

Das männliche Geschlecht ist daran mit 25 Pat. (= 26,6 %) beteiligt, das weibliche mit 69 Pat. (= 73,4 %). Heredität ist bei 58 = 61,7 % nachzuweisen, in 21 Fällen = 22,34 % ist dieselbe fraglich, 15 Pat. = 15,95 % sind angeblich nicht belastet.

Dem periodischen Irresein gehören nachweisbar 11 Fälle (= 11,7 %) an. (FF. 7, 10, 15, 16; 36, 41, 42, 49, 52, 82, 88). Davon sind belastet 5 = 45,5 %, nicht hereditär 2 = 18,2 %, bei 4 — 36,4 % ist die Heredität fraglich.

Bis zu 40 Jahren wurden 29 Fälle (= 30,85 %) beobachtet; davon hereditär 21 = 72,41 %, nicht belastet 4 = 13,79 %, Heredität fraglich bei 4 = 13,79 %.

Nach Abzug der dem periodischen Irresein angehörigen Kranken restieren noch 25 Pat. = 26,6 %, von denen natürlich ein mehr weniger grosser Teil in der Folgezeit sich als dem periodischen Irresein angehörig nachweisen lassen würde. Von diesen 25 Pat. sind 19 = 76 % belastet, 3 = 12 % nicht belastet, bei 3 = 12 % Heredität fraglich.

Über 40 Jahre alt sind 58 Pat. = 61,7 %. (Ebenfalls hier mit Ausschluss der Fälle von periodischem Irresein).

Auf die Männer fallen 16 Erkrankungen — 27,6 %, auf die Frauen 42 = 72,4 %; davon sind hereditär 34 = 58,6 %, nicht belastet 10 = 17,2 %, in 14 Fällen = 24,1 % keine Angaben betreffs Heredität.

Schliessen wir noch einige Fälle aus, bei denen Erkrankungen zwar schon vor dem 40. Jahre einmal nachzuweisen waren, die aber trotzdem (s. u.) dem periodischen Irresein nicht zuzurechnen sind (FF. 55, 64; 74, 80, 85), so ergeben sich noch 53 Pat. (16 M. = 30,2 %, 37 Fr. = 69,8 %). Erbliche Belastung in 30 Fällen = 56,6 % vorhanden, in 10 = 18,87 % fehlend, in 13 Fällen = 24,5 % fraglich.

Schliesslich noch eine Zusammenstellung nach Altersperioden, wobei am besten die oben erwähnten 11 Fälle ganz weg bleiben. Die bei den jugendlichen Individuen beobachteten Erkrankungen, von denen, wie schon bemerkt, ein Teil dem periodischen Irresein zuzurechnen wäre, sind aus erklärlichen Gründen alle in Rechnung gebracht. Es ergiebt sich darnach folgendes:

im Alter von	15—20 Jahren	2	Fälle	M.	1	Fr.	1
„ „ „	21—25 „	6	„	„	1	„	5
„ „ „	26—30 „	6	„	„	2	„	4
„ „ „	31—35 „	6	„	„	1	„	5
„ „ . „	36—40 „	5	„	„	0	„	5
„ „ „	41—45 „	7	„	„	3	„	4
„ „ „	46—50 „	13	„	„	2	„	11
„ „ „	51—55 „	14	„	„	2	„	12
„ „ „	56—60 „	6	„	„	2	„	4
„ „ „	61—65 „	9	„	„	3	„	6
„ „ über	65 „	9	„	„	4	„	5

Können wir nun nach diesen Resultaten zu der Annahme gelangen, dass die Jugendformen der Melancholie samt und sonders dem periodischen Irresein, einige vielleicht der Hysterie oder den Verblödungsprozessen angehören?

Was die letztere Eventualität anlangt, so glaube ich, in dem Aufgeführten keinen Fall zu besitzen, der hierher zu rechnen wäre und brauche deshalb wohl nicht näher darauf einzugehen.

Was das periodische Irresein anlangt, so sollen zunächst einmal die oben gefundenen Zahlen verglichen werden. Als offenbar periodisch konnte ich 11 Fälle = 11,7 % nachweisen. Dem gegenüber stehen 25 Fälle (unter 40 Jahren) = 26,6 %. Von diesen ist, wie schon mehrfach zugegeben, eine mehr weniger grosse Zahl dem periodischen Irresein zuzuteilen. Diese Zahl genau anzugeben ist unmöglich. Allein ein blosser Vergleich dieser beiden einander gegenüberstehenden Zahlen (11 : 25) genügt, um die Unwahrscheinlichkeit der Kräpelin'schen Behauptung darzuthun, selbst wenn man von diesen 25 Fällen noch einige

(FF. 32, 47, 48) der Hysterie zuteilt. Wollte man diese (25—3)
22 Fälle ohne weiteres dem periodischen Irresein zuteilen, so
dürfte das in Anbetracht der doch nicht so sehr häufigen Erkrankungen an periodischem Irresein (cfr. die oben gefundenen
Zahlen) als etwas gewaltsam in ein System Eingezwängtes erscheinen, wie um eine schwanke Hypothese zu stützen.

Bei diesen 11 notorisch periodischen Fällen wäre aber noch
in Betracht zu ziehen, dass davon nur 6 früher schon in Anstalten
waren (und zwar 4 in der hiesigen, 2 in fremden), die übrigen
5 aber erst später *) in die Anstalt kamen.

Dies dürfte dem Umstande zuzuschreiben sein, dass einmal
erfahrungsgemäss die Einzelfälle bei periodischen Erkrankungen
mit dem Alter des Patienten und der Häufigkeit der Anfälle an
Heftigkeit und Dauer zunehmen, ferner, dass bei der bekannten
Scheu des Publikums, ihre Angehörigen in Irrenanstalten unter-
zubringen, mit der Transferierung in eine solche, und zwar speziell
bei depressiven Zuständen, so lange gewartet wird, bis der be-
treffende Kranke schlechterdings nicht mehr aussen belassen werden
kann, was also erst nach mehreren Anfällen gewöhnlich geschieht.

Umgekehrt wird wohl bei einem Patienten, der schon beim
ersten Anfall in einer Anstalt war, der günstige Verlauf, den
gewöhnlich die ersten Erkrankungen nehmen und der mit auf
Rechnung der Anstaltsbehandlung geschrieben wird, dazu beitragen,
dass der Kranke bei künftigen Erkrankungen sofort wieder der
Anstalt überwiesen wird, zumal da hiedurch bei ihm und seinen
Angehörigen das etwaige ursprüngliche Vorurteil gegen Irrenanstalten meist dauernd überwunden ist.

Daraus dürfte sich, was a priori eigentlich schon anzunehmen
ist, ableiten lassen, dass die Zahl der ausser Anstaltsbehandlung
verlaufenden jugendlichen Erkrankungen relativ viel grösser ist
als der sich im höheren Alter abspielenden. Dies dürfte nach
den angeführten Zahlen speziell auf die periodischen Erkrankungen anzuwenden sein. Doch glaube ich, dass eben wegen
des zum Teil abortiven Charakters, den die jugendlichen Erkrankungen meist besitzen, dies auch in Beziehung auf die
depressiven Zustände im allgemeinen angenommen werden dürfte.

Können wir nun vielleicht nach den von Kr. aufgestellten
Gesichtspunkten gleich beim 1. Anfall auf Periodicität schliessen
und auf diese Weise mit einer gewissen Wahrscheinlichkeit ent-
scheiden, welche Fälle sich in kürzeren oder längeren Zwischen-
räumen wiederholen?

Ich glaube nicht. Es war mir wenigstens unmöglich, aus
den einzelnen Krankheitsbildern des periodischen Irreseins wohl

*) d. h. bei wiederholten Anfällen und teilweise auch erst nach dem 40. Jahre (FF. 7,
16; 42, 49, 82.)

charakterisierte Unterscheidungsmerkmale herauszufinden, und ich glaube auch, dass es andern ebenso ergangen ist. Als Beweis möchte ich das Referat Neissers[1]) über das Kr.'sche Werk anführen: „Dem Referenten ist es wenigstens trotz des sorgfältigsten Vergleichs der auf pag. 647 ff. (Periodisch-depressive Formen) mit den auf pag. 561 ff. (Melancholie) gegebenen Krankheitsschilderungen nicht gelungen, einen durchgreifenden Unterschied wirklich herauszufinden."

Kr. rechnet eben einfach alle jugendlichen Melancholien, die nicht zu den Verblödungsprozessen gehören, dem periodischen Irresein zu. Solche Fälle, die fernerhin sich nicht periodisch wiederholen, betrachtet er schlechthin als einmalige Ausbrüche einer periodischen Erkrankung. Doch ist das eben nichts weiter als eine Hypothese, die durch die hier gefundenen Zahlen an Wahrscheinlichkeit zum wenigsten nicht gewonnen hat.

Es dürfte wohl bezüglich dieser Auffassung auch für die depressiven Formen des periodischen Irreseins dasselbe gelten, was Neisser[2]) in Betreff der Stellungnahme Kr.'s zur Manie sagt: „Dass aber solche einmalige maniakalische Erkrankungen vorkommen, wird auch von Kr. nicht bestritten und es hat sonach eine mehr akademische Bedeutung, ob man in denselben, wie Kr. dies meint, aber nicht genügend begründet, einmalige Manifestationen eines sonst an sich periodischen Leidens erblicken will oder, ob man eine andere Auffassung vorzieht. Die grosse praktische Tragweite, welche Kr. seiner neuen Lehre von der stets periodischen Natur der maniakalischen Erkrankung vindiciert, würde erst dann anerkannt werden können, wenn er aus den Criterien des einzelnen Anfalls zu sagen vermöchte, ob derselbe sich wiederholen werde oder nicht, ob dies erst in zehn Jahren geschehen werde oder bald, ob dauernd maniakalische bezw. melancholische Zustände sich anreihen, oder ob vielleicht nach mehrmaliger Wiederholung eines charakteristischen Turnus ein Krankheitsnachlass eintreten oder relative Verblödung erfolgen werde u. s. w. Dies alles aber kann, soweit Referent aus dem eingehenden Studium des Lehrbuchs urteilen darf, Kräpelin vorläufig ebenso wenig wie andere Psychiater, und deshalb dürfte es sich nach wie vor empfehlen zu lehren, dass die maniakalische Erkrankung — soweit der Einzelanfall in Betracht kommt — eine vorwiegend günstige Prognose darbieten, dass es aber gewisse, leider nicht immer zuverlässig erkennbare Anzeichen giebt, welche den Verdacht auf ein periodisches Leiden erwecken müssen, dass aber auch damit eine genaue Prognose-

1) Centralblatt für Nervenheilk. und Psych. XX. Jahrg. VIII. Band. Juli 1897.
2) l. c.

stellung nur in den besonders typisch ausgeprägten
Fällen gegeben ist."

Es sei gestattet, hier noch eine Stelle aus Magnan[1]), der
eingehende Untersuchungen über das „intermittierende Irresein"
angestellt hat, zu citieren:

„Die Raschheit der Entwicklung (bei den einzelnen Anfällen
des intermittierenden Irreseins) ist besonders bemerkenswert, weil
bei der gewöhnlichen Melancholie und Manie eine längere Zeit
der Vorbereitung vorauszugehen pflegt, in der die Kranken sich
kraftlos und matt fühlen, über Kopfdruck klagen, wenig und
unruhig schlafen, oft auch an Magen-Darm-Störungen leiden. Bei
dem intermittierenden Irresein existiert diese Vorbereitung des
Organismus zur Krankheit nicht. Der Anfall entwickelt sich rasch
auf geringe Anstösse hin, denn der Kranke trägt seine Beding-
ungen in sich, bestreitet sozusagen aus eigenen Mitteln die Kosten."

Und an derselben Stelle weiter unten:

„Kann man beim ersten Anfall das intermittierende Irresein
erkennen? In der Regel kann man die Diagnose wohl ver-
mutungsweise, wenn auch nicht mit Sicherheit stellen.
Wenn der Anfall sich bei einem Menschen von 25—30 Jahren
einstellt, der bis dahin gesund gewesen ist (was das Irresein der
Entarteten im engeren Sinne ausschliesst), und ohne nachweisbare
Ursache, ohne Zeit der Vorbereitung auftritt (was die gewöhnliche
Manie oder Melancholie ausschliesst), so kann man das intermittierende Irresein vermuten. Man stellt also die Diagnose *per
exclusionem*. In der That kann ein Mensch von 25—35 Jahren,
der bis dahin im wesentlichen geistig gesund gewesen ist, nicht
ein Entarteter im engeren Sinne sein. Gewiss, das Irresein der
Entarteten kann in allen Formen auftreten, aber nie ist ein
melancholischer oder maniakalischer Anfall nach dem 25. Jahre
das erste Symptom der Instabilität. Der instabile Geisteszustand
verrät sich gewöhnlich schon in der Kindheit und längst vor dem
30. Jahre zeigen sich die verschiedenen Zufälle. Andererseits
kann man dann, wenn für den Anfall keine oder nur eine nichtige
Veranlassung aufzufinden ist, und wenn er ohne Vorläufer-
erscheinungen einsetzt, mit ziemlicher Sicherheit die gewöhnliche
Melancholie oder Manie ausschliessen, denn diese befallen Menschen
mit geringer Disposition, die in der Regel nur durch mächtige
Einwirkungen (lange Nachtwachen, Ausschweifungen, übermässige
Aufregungen und Anstrengungen) erkranken. Bei *Paranoia completa*
kommt auch maniakalische oder melancholische Verstimmung vor,
aber nur unter der Einwirkung der Sinnestäuschungen und Wahnvorstellungen, also zu einer Zeit, in der die Diagnose nicht mehr
zweifelhaft ist."

[1) Psych. Vorlesungen, IV. u. V. Heft, deutsch von Möbius 1893.

Es sind hier vielleicht einige Worte am Platze über ein paar aufgeführte Fälle, die sich zwar ein- oder mehreremale wiederholten, aber trotzdem meiner Ansicht nach — und ich glaube auch für diese Fälle der Ansicht Kr.'s nach — nicht dem periodischen Irresein zuzuschreiben sind.

Zunächst sind da die Fälle 80 und 85 zu erwähnen, von denen beim ersteren im Anschluss an eine Geburt im 35. Jahre die 1. Erkrankung eintrat und nach 21jähriger Pause die 2. Erkrankung mit 56 Jahren. Im 2. Fall trat im 1. Wochenbett (mit 26 Jahren), sowie im 2. (mit 38 Jahren) je eine Erkrankung an Melancholie ein, dann nach Verlauf von 24 Jahren (im 62. Jahre) die 3. Erkrankung.

Diese Fälle decken sich ja auch gar nicht mit der von Kr. aufgestellten Definition der periodischen Erkrankungen, unter denen er solche versteht, „welche sich ohne äusseren Anlass mehrfach im Leben wiederholen." — Freilich ist' nicht zu leugnen, dass bei wirklich periodischem Irresein auch solch ein äusserer Anlass (Wochenbett etc.) die auslösende Ursache eines Anfalls sein kann, ein Umstand, der allein uns aber noch nicht berechtigt, periodisches Irresein anzunehmen.

Ferner wäre hier auch noch F. 26 zu erwähnen. Als von der Pat. G., die in guter Verfassung entlassen worden war, in der Anstalt bekannt wurde, dass sie demnächst heiraten werde, prognosticierten die betreffenden Ärzte sogleich, dass sich mit grosser Wahrscheinlichkeit während der eintretenden Gravidität resp. Niederkunft ein Recidiv einstellen dürfte, was auch thatsächlich (s. Nachtrag zu F. 26) eintrat. Eine Periodicität des Leidens kann jedoch aus diesem Umstand allein nie erkannt werden.

Weiterhin bin ich der Meinung, dass auch F. 55 nicht zu den periodischen zu rechnen ist. Die Fälle 64 und 74, bei welchen einerseits 24 Jahre vorher eine Erkrankung vorausging, dürften wohl zu der Gruppe von Fällen zu rechnen sein, welche Kr. pag. 581 unten erwähnt.

Dann sind ferner noch einige Fälle vorhanden, bei denen die 1. Erkrankung im „Rückbildungsalter" entstanden war und nach 2 bis 3 Jahren ein Recidiv eintrat. (FF. 8, 11. 14; 63, 70, 72, 93, 94.)

Der endgiltige Beweis für die Richtigkeit der Kr.'schen Anschauung wäre natürlich erst dann einwandfrei zu führen, wenn an der Hand einer durch Jahrzehnte fortgesetzten Beobachtung einer grösseren Anzahl von Fällen der Prozentsatz der periodischen Erkrankungen festgestellt worden wäre. Würden wir dann auch zu solchen Verhältniszahlen, wie wir sie hier gefunden haben, gelangen, so würde ein Resultat, bei dem die Ausnahmen beinahe über die regelmässigen Fälle dominieren, doch gewiss zu Ungunsten seiner Hypothese sprechen.

Wir dürfen uns allerdings die grossen praktischen Schwierigkeiten nicht verhehlen, die der strikten Durchführung einer so lange fortgesetzten Beobachtung der Patienten im Wege stehen und wir können uns deshalb dem Zweifel nicht verschliessen, ob es überhaupt von irgend einer Seite unternommen werden wird, nach dieser Richtung hin Material zu gewinnen.

Schliesslich wird es noch von Wert sein, eine Stelle aus einem Referate über das Kr.'sche Werk und zwar von Prof. Jolly[1]) selbst hier zu erwähnen:

„Der Verfasser (Kr.) ist der Meinung, dass die hier (nämlich die unter der Gruppe des periodischen Irreseins aufgenommenen jugendlichen Erkrankungen) nicht als Melancholie, sondern als depressives Irresein benannten Zustände unter allen Umständen periodische seien, er fasst aber den Begriff der Periodicität so weit, dass auch Fälle, in welchen zwei- oder dreimal im Leben eine ähnliche Erkrankung auftritt, darunter gerechnet werden. Wir vermögen uns dieser Anschauung nicht anzuschliessen, und zwar gerade aus den allgemein pathologischen Erwägungen, die in dem Buche vorwiegend betont werden. Kann man in der That von Periodicität sprechen, wenn bei einer gewissen krankhaften Veranlagung mehrmals im Leben aus zureichenden äusseren oder inneren Gründen eine Entgleisung im Sinne des melancholischen Zustandes eintritt? Lässt sich vor allem aus dieser Auffassung die von dem Verfasser überall in den Vordergrund der Diagnostik gestellte Prognose für den Einzelfall besser ableiten, als nach der bisher üblichen Auffassung? Wir befürchten einigermassen, dass gerade in dieser Richtung die Darstellung des Verfassers, so sehr sie für den Fachmann anregend und auch in gewissem Sinne verständlich ist, den praktischen Arzt doch auf Abwege führen dürfte."

Angenommen, es stünden die Kr.'schen Ansichten bezüglich der Melancholie unanfechtbar fest, könnten wir nicht trotzdem Fälle von wirklicher „Melancholie" im jugendlichen Alter *a priori* annehmen? Meines Erachtens wohl. Es dürfte wohl angezeigt sein, um diese Behauptung zu erhärten, uns nach einer Analogie in anderen Gebieten der Medizin umzuschen. So lassen sich z. B. unzweifelhaft Fälle von Krebserkrankungen bei jugendlichen Individuen konstatieren, obgleich anerkanntermassen das Gros der carcinomatösen Erkrankungen erst im vorgeschrittenen Alter beobachtet wird.

Haben wir nun überhaupt ein Recht, die Melancholien des Rückbildungsalters als zusammengehörige Krankheitsform aufzufassen und ihnen eine besondere Stellung anzuweisen? Diese Frage soll uns in folgendem beschäftigen.

1) Archiv für Psych., XXVIII. Bd. 1896 pag. 1001.

Zunächst ist es nötig, einige Worte über den Begriff des Rückbildungsalters zu verlieren.

Kr. versteht darunter schlechtweg, ohne auf den Einzelfall weiter einzugehen, die Zeit vom 5. Lebensjahrzehnt an. Beim männlichen Geschlecht haben wir für den Eintritt der senilen Involutionsperiode überhaupt keine scharfe Grenze. Beim weiblichen Geschlecht sehen wir den Eintritt in das Klimakterium als den Grenzpunkt für das Rückbildungsalter an. Der Zeitpunkt, in dem dieses eintritt, ist sehr verschieden. Brühl[1]) schreibt darüber:

„Dieser Wechsel erfolgt in unserer Zone durchschnittlich in der Zeit zwischen dem 45.—50. Lebensjahre. Allerdings giebt es Momente, welche den Klimaxeintritt bedeutend beeinflussen. Solche Momente sind Klima, Bodenbeschaffenheit, höhere oder tiefere Lage des Wohnortes, Abstammung, Lebensweise und früheres oder späteres Auftreten der ersten Periode. So cessieren die Menses früher bei Frauen niederen Standes als bei den Wohlhabenden. So haben viele, rasch aufeinanderfolgende Entbindungen meist zur Folge, dass das Klimakterium früher beginnt. In Bezug auf das frühere oder spätere Auftreten der ersten Periode nehmen wir nach Krieger und Kisch an, dass frühzeitiges Erscheinen der ersten Periode späten Eintritt des Klimakteriums bedingt und umgekehrt. Tritt jedoch die erste Periode unerwartet früh oder sehr spät ein, so erfolgt das Klimakterium auffallend früh. Allerdings giebt es viele Ausnahmen von dieser Regel und einzelne Autoren, wie Ronvier, erkennen einen Einfluss des Alters beim Erscheinen der ersten Periode auf die Zeit der Menopause nicht an."

Da es nun im Einzelfall meist sehr schwer ist, über das Verhältnis zum Klimakterium Anhaltspunkte zu gewinnen, weil die betreffenden Krankengeschichten oft keine Auskunft geben, so dürfte es sich empfehlen, mit Kr. die Jahre von 40 an aufwärts zum Rückbildungsalter zu rechnen.

Unterziehen wir nun die Fälle hinsichtlich ihrer Zahl einer Prüfung, so finden wir eine Zunahme der Erkrankungen vom 40. Jahre an. Zwischen dem 45. und 55. Jahre kommen beispielsweise 27 Fälle vor (unter 83) und zwar 23 Fr. und 4 M. Wenn wir noch von den unter die 83 Fälle mit einbezogenen mutmasslichen periodischen Erkrankungen (cfr. oben) absehen, so dürfte die Zahl 27 über $\frac{1}{3}$ sämtlicher in Concurrenz tretende Fälle darstellen. Diese Zahlen liefern gewiss einen Beweis für die Häufung der Erkrankungen im Rückbildungsalter.

1) Brühl, Psych. Störungen des Klimakt. Diss. 1887.

Erwähnen möchte ich noch die Ergebnisse, welche Mendel und Farquharson in dieser Hinsicht gefunden haben, ohne natürlich weiter darauf eingehen zu können. Mendel[1]) fand:

		Im Alter von 15—20 Jahren	25 Fälle
„	„	„ 20—25	„ . 36 „
„	„	„ 25—30	„ . 24 „
„	„	„ 30—35	„ . 28 „
„	„	„ 35—40	„ . 21 „
„	„	„ 40—45	„ . 38 „
„	„	„ 45—50	„ . 29 „
„	„	„ 50—55	„ . 24 „
„	„	„ 55—60	„ . 12 „

Farquharson[2]), der eine Statistik von 730 Fällen von Melancholie (in der Zeit von 1865—1892) aufgestellt hat, kam zu folgendem Resultat: Er fand am stärksten vertreten die Altersklassen von 30—40 Jahren, dann diejenigen von 40—60 Jahren, relativ gering diejenige von unter 30 und über 60 Jahren.

Es dürfte hier auch noch zu erwähnen sein, was Krafft-Ebing[3]) in Betreff der Häufigkeit der Melancholie im Klimakterium vor anderen Psychosen gefunden hat. Unter 60 Fällen, die in ätiologischem Zusammenhang mit demselben standen, waren nur 4 Melancholien zu konstatieren.

Matusch[4]) hinwider fand unter 179 klimakterischen Psychosen 81 Melanch. (davon 10 genesen, 2 gebessert, 14 gestorben, 8 ungeheilt entlassen, 28 in Paranoia, 17 in psychische Schwäche übergegangen.

Was die Zusammengehörigkeit anlangt, so weisen unzweifelhaft die senilen resp. klimakterischen Melancholien gemeinsame Züge auf.

Kr. schreibt diesbezüglich:

„Dass diese und nur diese Formen in der That eine innere Zusammengehörigkeit darbieten, davon glaube ich mich in den letzten Jahren überzeugt zu haben. Aus dieser Auffassung ergiebt sich, dass zunächst alle depressiven Verstimmungen der jugendlicheren Altersstufen nicht zur Melancholie zu rechnen sind. Sie gehören nach meiner Überzeugung entweder dem periodischen Irresein oder den Verblödungsprozessen an, einzelne dem Entartungsirresein und vielleicht auch der Hysterie."

Dass aus dieser Auffassung (dass nämlich die Melancholie des Rückbildungsalters eine innere Zusammengehörigkeit habe) sich nun ergeben soll, dass die jugendlichen Formen nicht zur Melancholie gehören, ist mir nicht klar geworden.

1) Mendel, Melancholie, 1887.
2) Virchow-Hirsch, 1894 II., pag. 250.
3) Krafft-Ebing, Über Irresein im Klimakt., Allg. Zeitschr. f. Psych., 31. Bd. pag. 407.
4) Matusch, Der Einfluss d. Klimakt. auf Entstehung und Form der Geistesstörungen; Zeitschr. f. Psych., Bd. 47, pag. 319.

Wir finden z. B. bei der Pneumonie, was das Zustandsbild anlangt, einen etwas verschiedenen Verlauf bei älteren Individuen als bei jugendlichen. Diese ersteren Fälle haben auch gewissermassen eine „innere Zusammengehörigkeit" unter sich, doch wird deshalb niemand behaupten wollen, dass diese Erkrankungen, weil ihnen der Stempel des Alters aufgedrückt ist, eine besondere Krankheitsform bilden.

Es darf uns demnach auch nicht wundern, wenn die Melancholien des vorgeschrittenen Alters den Charakter der Invalidität nicht verleugnen und wenn andererseits wieder Melancholien des jugendlichen Alters ein dementsprechendes Gepräge tragen. Aber trotzdem ist bei beiden der gemeinschaftliche Grundzug „die schmerzliche Verstimmung, die durch die äusseren Verhältnisse gar nicht oder nicht genügend motiviert ist."

Schüle[1]) schreibt über diesen Punkt:

„Die Melancholie kann alle Altersstufen befallen, jeweils mit auszeichnenden klinischen Modificationen *(Senium)*. Auch gewisse ätiologische Momente (Masturbation u. s. w.) führen bestimmte Nuancierungen ein."

Kracauer[2]): „Jedem Lebensalter entspricht eine bestimmte Durchschnittsentwicklung des Gehirns, jedem Entwicklungszustande desselben kommt eine ihm eigentümliche Ausbildung der seelischen Funktionen zu, und, wie von vornherein zu erwarten, ist auch deren pathologische Abweichung in charakteristischer Weise gekennzeichnet."

Schliesslich noch diesbezügliche Stellen aus den Referaten Jolly's und Neisser's.

Jolly[3]): „Die an dieser Stelle gegebene Darstellung (der „Melancholie") unterscheidet sich nun aber nicht wesentlich von den für die Melancholie in dem bisherigen Sinne geläufigen Schilderungen; es ist nicht ersichtlich, weshalb gerade diese in der klimakterischen Zeit auftretenden Fälle von Melancholie in der That Melancholie und nichts anderes sein sollen und weshalb bei ihnen die Benennung nach dem vorwiegenden Symptom genügt, während die in identischer Weise verlaufenden Zustände anderer Lebensalter eine ganz andere Deutung zu beanspruchen hätten."

Neisser[4]): „Es ist in keiner Weise ersichtlich gemacht, warum die in dem sogenannten Rückbildungsalter (dessen Breite übrigens von Kr. ziemlich willkürlich und ohne Berücksichtigung der Einzelindividualität abgeschätzt wird) auftretenden Depressionszustände, trotz ihrer von Kr. selbst geschilderten Verschiedenheiten in Symptomentwicklung, Verlauf und Ausgang, unter ein-

1) Schüle, Klin. Psych. 1886.
2) Kracauer, Die Mel. d. Frauen nach dem Klimakt. Diss. 1882.
3) Archiv für Psych. XXVIII. Bd. 1896 pag. 1004.
4) Centralbl. für Nervenheilk. und Psych., XX. Jahrg. 8. Bd. Juli 1897.

ander näher stehen und prinzipiell anders zu beurteilen sein
sollen, wie die vor dieser Zeit sich entwickelnden.“
Was die ätiologischen Momente betrifft, so dürfen sich
dieselben wohl in 2 Gruppen bringen lassen, in die psychischen
und die somatischen.

Was die ersteren anlangt, so sehen wir, dass sich schon
beim vollständig normalen Menschen im höheren Alter zuweilen
düstere Reflexionen über die Abnahme seiner geistigen und körperlichen Kräfte einzustellen pflegen.

Krafft-Ebing[1]) sagt über die ätiologische Bedeutung des
Klimakteriums: „Der krankmachende Einfluss kann ein psych-
ischer sein (schmerzliches Bewusstsein des Verlustes von auf
geschlechtliche Empfindungen sich gründenden sozialen und ethi-
schen Gefühlen, namentlich bei kinderlosen Frauen; schmerzliche
Erkenntnis des Schwindens der körperlichen Reize). oder ein
gemischter, insofern den Involutionsprocess begleitende krankhafte Gemeingefühle und die traditionelle und nicht ganz unbe-
gründete Furcht des Publikums vor dieser gefährlichen Lebens-
phase das psychische Gleichgewicht erschüttern. Das Klimakterium
kann endlich auf rein somatischem Weg die Ursache der
Erkrankung werden, insofern es nicht einfach eine Ausserfunktions-
setzung und schliessliche Atrophie der Geschlechtsorgane sondern
einen Involutionsprocess des gesamten Organismus darstellt, in
welchem es nicht ohne bedeutende Störungen der Funktionen bis
zur Herstellung des Gleichgewichts abgehen kann.

Die speciellen, für die Entstehung von Irresein hier belang-
reichen Schädlichkeiten sind profuse Sekretionen (Menorrhagien,
Leucorrhöen) und dadurch gesetzte Ernährungsstörungen (Anämie)
des psychischen Organs, plötzliche Sistierung der Menses (vgl.
Menstruatio suppressa), Neuralgien und überhaupt nervöse Reizzustände im Bereich der Genitalnerven und dadurch bedingte
(Irradiation, Reflex) Reizzustände der nervösen Centralorgane.

Die Bedeutung dieser Faktoren wird gesteigert durch orga-
nische, namentlich erbliche Belastung, durch dem Klimakterium
vorausgehende (gehäufte Geburten, erschöpfende Krankheiten) oder
mit demselben zusammentreffende schwächende Momente (Typhus
und andere schwere Allgemeinerkrankungen, durch Lokalaffektionen
des Uterus, namentlich chronische Metritis und Lageanomalien).
Ohne dass solche Hilfsursachen mit dem Klimakterium zusammen-
treffen, scheint eine psychische Erkrankung nicht denkbar.“

Matusch[2]) findet als wesentlichste Ursache der klimakterischen Psychosen Arteriosclerose und Chlorose. Er meint dann

1) Krafft-Ebing,, Lehrb. d. Psych., 1893, pag. 158.
2) Matusch, Der Einfluss des Klimakt. auf Entstehung und Form der Geistesstörung,
Zeitschr. der Psych., Bd. 47.

ferner, dass dieselben bei gewissen gemeinsamen Zügen in erster Linie ätiologische Formen seien, zu den senilen aber nicht zu stellen.

Brühl[1]): „Auch bei den Alienationen im Bereich der höheren Sinnesorgane werden wir nicht fehlgehen, wenn wir neben den oben gedachten allgemeinen ätiologischen Faktoren noch eine mangelhafte Ernährung des Nervensystems als accidentelles Moment annehmen. Also auch hier ist die Anämie, die unter den klimakterischen Erscheinungen eine wichtige Stelle einnimmt, eine bedeutende Rolle zu spielen berufen, wenigstens in sehr vielen Fällen, wohl in den meisten."

Was die Frage der Heredität anlangt, so konnte ich in 58 Fällen — 61,7 % überhaupt Heredität nachweisen.

In den Fällen unter 40 Jahren war bei 21 — 72,4 % resp. 19 == 76 % (cfr. oben) Heredität zu konstatieren.

Unter den Erkrankungen über 40 Jahren war in 34 Fällen 58,6 % resp. 30 = 56,6 % (cfr. oben) Belastung festzustellen.

Diese Zahlen dürften ungefähr mit den von Kr. gefundenen übereinstimmen.

Ich glaube diese Betrachtung über die Heredität nicht verlassen zu dürfen, ohne die interessanten Resultate, zu denen Matusch[2]) bei seinen Untersuchungen gelangt ist, zu erwähnen. Er fand, dass stark belastete Individuen leicht in der Kindheit und Pubertät für die Dauer erkranken; weniger stark belastete genesen leicht, erkranken aber auch leicht wieder im Klimakterium, noch weniger belastete erkranken leicht vor, nicht belastete erst im Klimakterium, das gewissermassen die letzte Probe auf die psychische Krankheitsanlage des Weibes ist."

Das Ergebnis meiner Untersuchungen dürfte sich wohl dahin zusammenfassen lassen:

1) Die Melancholie ist vorzugsweise eine Erkrankung des vorgerückteren Alters, kann aber ausserdem in jedem Lebensalter auftreten. Trotz aller nicht abzustreitenden gemeinsamen Punkte unterscheiden sich die Formen des höheren Alters nicht wesentlich von denen des jugendlichen.

2) Es muss dem Ergebnis späterer Untersuchungen vorbehalten bleiben, ob der Begriff der Periodicität in der Melancholie nicht etwa weiter gefasst werden soll, als es bisher geschehen ist.

Den Zweck dieser Arbeit würde ich für erreicht halten, wenn sie eine Anregung zu weiteren Untersuchungen nach dieser Seite hin geben würde.

1) Brühl, psych. Störungen d. Klimakt. Diss. 1887.
2) Matusch, Der Einfluss des Klimakt. auf Entstehg. und Form der Geistesstörungen, Zeitschr. f. Psych., Bd. 47.

Es sei mir hier noch gestattet, meinem hochverehrten Lehrer, Herrn Professor Dr. SPECHT, für die Anregung zu dieser Arbeit, die gütige Überlassung des Materials und seine reiche Förderung und Belehrung, sowie Herrn Prof. Dr. v. STRÜMPELL für die liebenswürdige Übernahme des Referates meinen wärmsten Dank auszusprechen.

Literatur.

Brühl, Über die psych. Störungen des Klimakteriums, Diss. 1887.

Griesinger, Pathol. und Therapie der psych. Krankheiten. 1845.

Jolly, Referat; Archiv f. Psych.. XXVIII. Bd. pag. 1003 ff.

Kracauer, Die Melancholie der Frauen nach dem Klimakterium. Diss. 1882.

v. Krafft-Ebing, Lehrbuch der Psychiatrie, 5. Aufl. 1893.

„   „   Über Irresein im Klimakterium. Allgem. Zeitschrift f. Psych., 34. Bd., pag. 407.

Kräpelin, Psychiatrie. V. Aufl. 1896.

„   Psychiatrie, III. Aufl. 1889.

„   Compendium der Psych. 1883.

Magnan, Psychiatr. Vorlesungen, deutsch von Möbius 1891.

Matusch, Der Einfluss des Klimakteriums auf Entstehung und Form der Geistesstörungen, Zeitschr. f. Psych., Bd. 47.

Mendel, Melancholie (Eulenburg, Realencyclopädie 1887).

Neisser, Referat. Centralblatt für Nervenheilkunde und Psych.. XX. Jahrg. VIII. Bd. Juli 1897.

Schüle, Klinische Psychiatrie 1883.

Virchow-Hirsch, 1894 II. pag. 250 (Farquharson).